D1747747

Helmut Zöpfl
Ein gutes Wort zur rechten Zeit

Helmut Zöpfl

Ein gutes Wort zur rechten Zeit

Fotografie: Rolf Blesch, Wolfgang Ehn, Klaus G. Förg, Andreas Gassner, Udo Haafke, Joachim Heller, Bea Huwiler, Gerhard Meier, Bernd Römmelt, Roland Schick, Ernst Wrba

rosenheimer

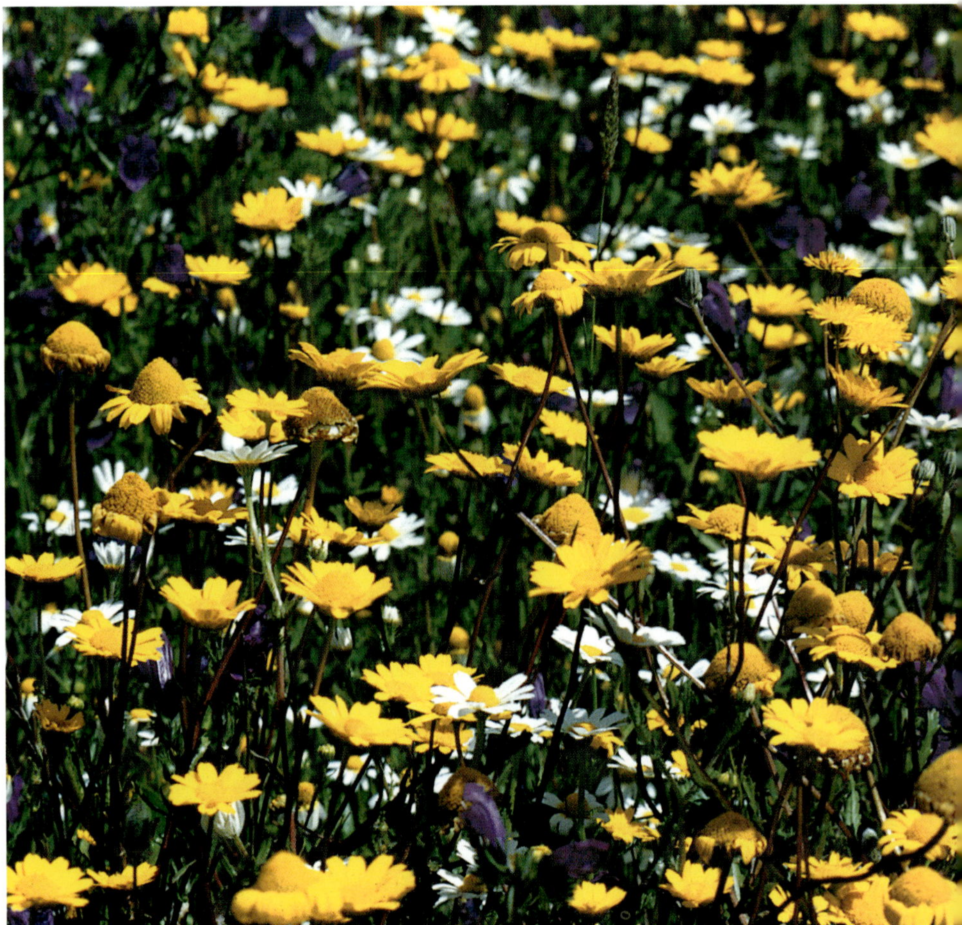

Inhalt

Ein gutes Wort   6
Zauberworte   8
Danken macht Freude   13
Kein Zungenbrecher   14
Von Herzen   16
Nachbarschaft heute   18
Die Welt verändern   23
Es kommt auf mich an …   24
Ein Lächeln   26
Die schönste Verbindung   28
Neue Brücken   30
Die Welt ist wunderbar   33
Staunen lernen   34
Lebens-Zeit   37
Du   38
Einmalig   40
Bevor nicht …   42
Ein Dank an dich   44
An den Partner   46
An die Mutter   48
An den Vater   52
An die Großeltern   57
Brüder im Leben   60
Lebenskunst   62

Ein gutes Wort

Oft ist es gar nicht schwer,
das rechte Wort zu finden,
wenn wir es uns nur auszusprechen trauen.
Manchmal müssen wir es suchen,
dieses »gute Wort«,
das dem anderen,
ohne dass es billige Schmeichelei ist,
gut tut.
Es gibt so viele Möglichkeiten,
dem Mitmenschen etwas Nettes,
Freundliches, Frohes zu sagen,
ihn zu bestätigen, zu ermutigen,
ihn aufzumuntern oder auch zu trösten.
Manchmal ist es ein »Entschuldige bitte«
oder ein schlichtes »Danke«.

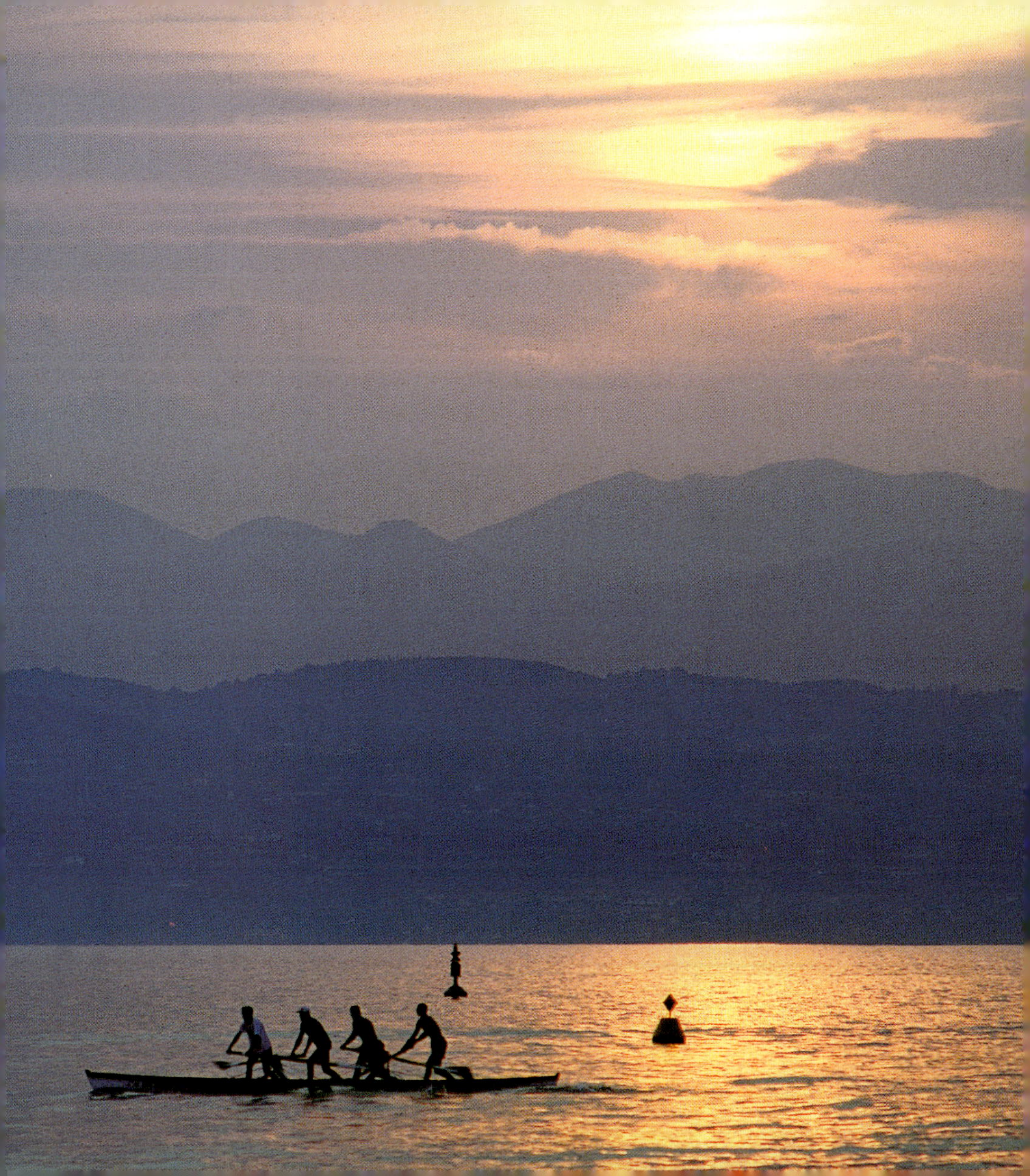

Zauberworte

In Märchen gibt es viele Geister,
gibts Feen, Hexen, Zaubermeister,
die sich, man kanns darinnen sehn,
alle aufs Zaubern sich verstehn.

Ihr Zauberwort kann aus den Sachen
und Menschen ganz was anders machen.
Ein Hokuspokusfidibus:
Ein Wassertropfen wird zum Fluss,
ein Stein zu Gold, das Gold zu Stein,
ein Kleiner groß, ein Großer klein,
ein Mensch wird Pflanze oder Tier,
wird Blume, Fisch, wird Rabe, Stier.
Ein Wort, das reicht, schon ists passiert,
dass etwas ganz was anders wird.

Natürlich ist es allbekannt,
dass nur in jenem Märchenland
die Zauberwörter existiern.
In Wirklichkeit würd sich nichts rührn,
spricht man zu etwas da und dort
den Zauberspruch, das Zauberwort.
Und trotzdem, glaub mirs, gibts auch heut
fürs Zauberwort viel Möglichkeit.

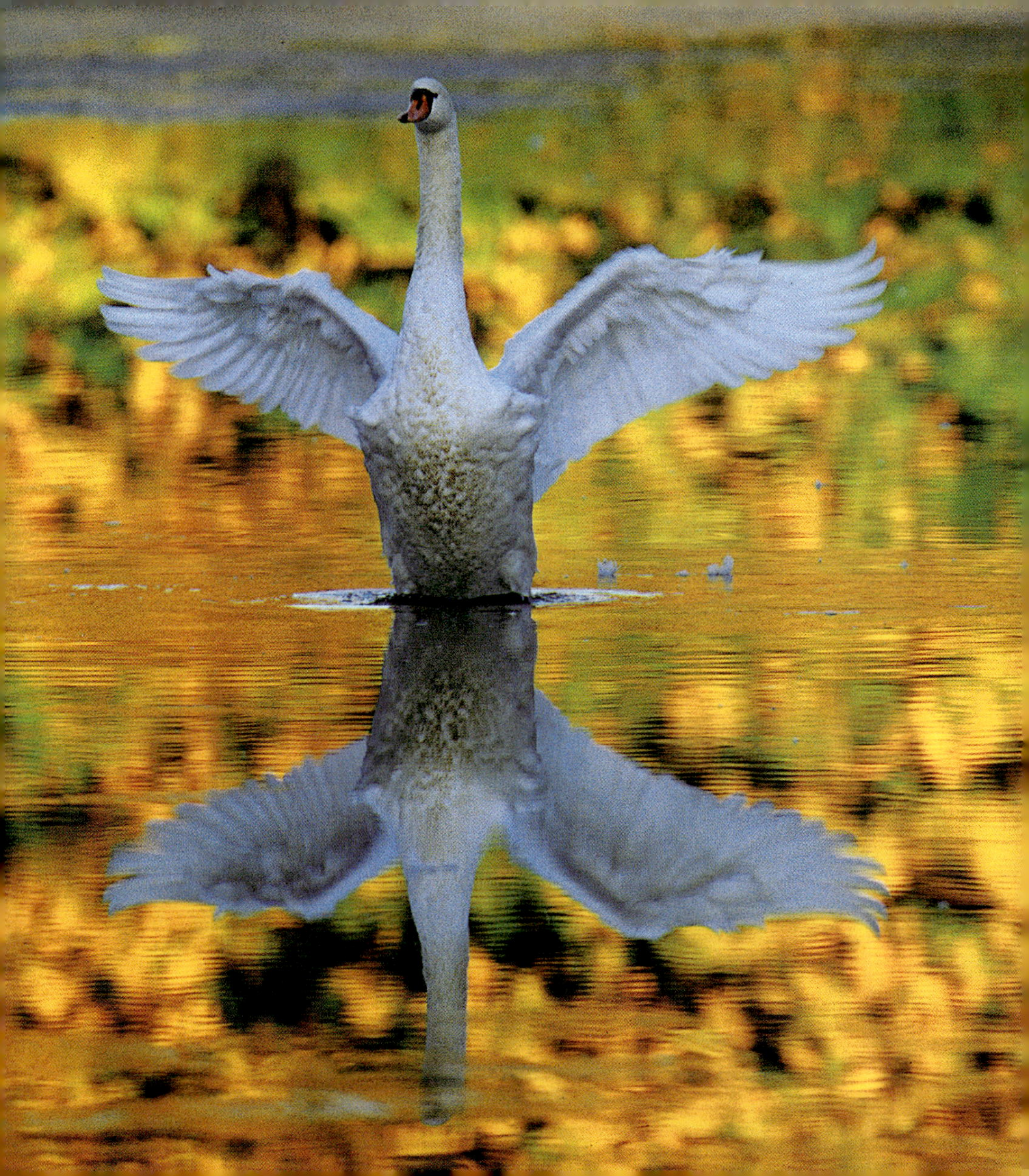

Ein Hokuspokus ist es nicht,
ein Fidibus, das man herspricht.

Es gibt genug Gelegenheit
fürs gute Wort zur rechten Zeit.
Was Schönes, das ich andern sag,
dass ich sie nett find und sie mag,
ein Lob, ein Trost, ein Dankeschön
und auch: »Ich kann dich gut verstehn.«
Ein »Komm schon, sind wir wieder gut!«.
Pass auf, was durch ein Wort sich tut!

Wenns richtig war, verwandelts schnell
den anderen gleich auf der Stell.
Ein gutes Wort zur rechten Zeit,
das scheucht davon die Traurigkeit,
macht andre wieder froh, sodann
lacht dich ein neues Antlitz an.

Und manchmal pflanzt sich so ein Wort
ganz schnell und immer weiter fort.
Du merkst um dich herum genau:
Ist diese Welt mal wieder grau,
ein Wörtchen – und zur selben Stund
wird viel auf einmal hell und bunt.
Dass dies ein kleines Wort oft schafft,
sag, ist das nicht ganz zauberhaft?

11

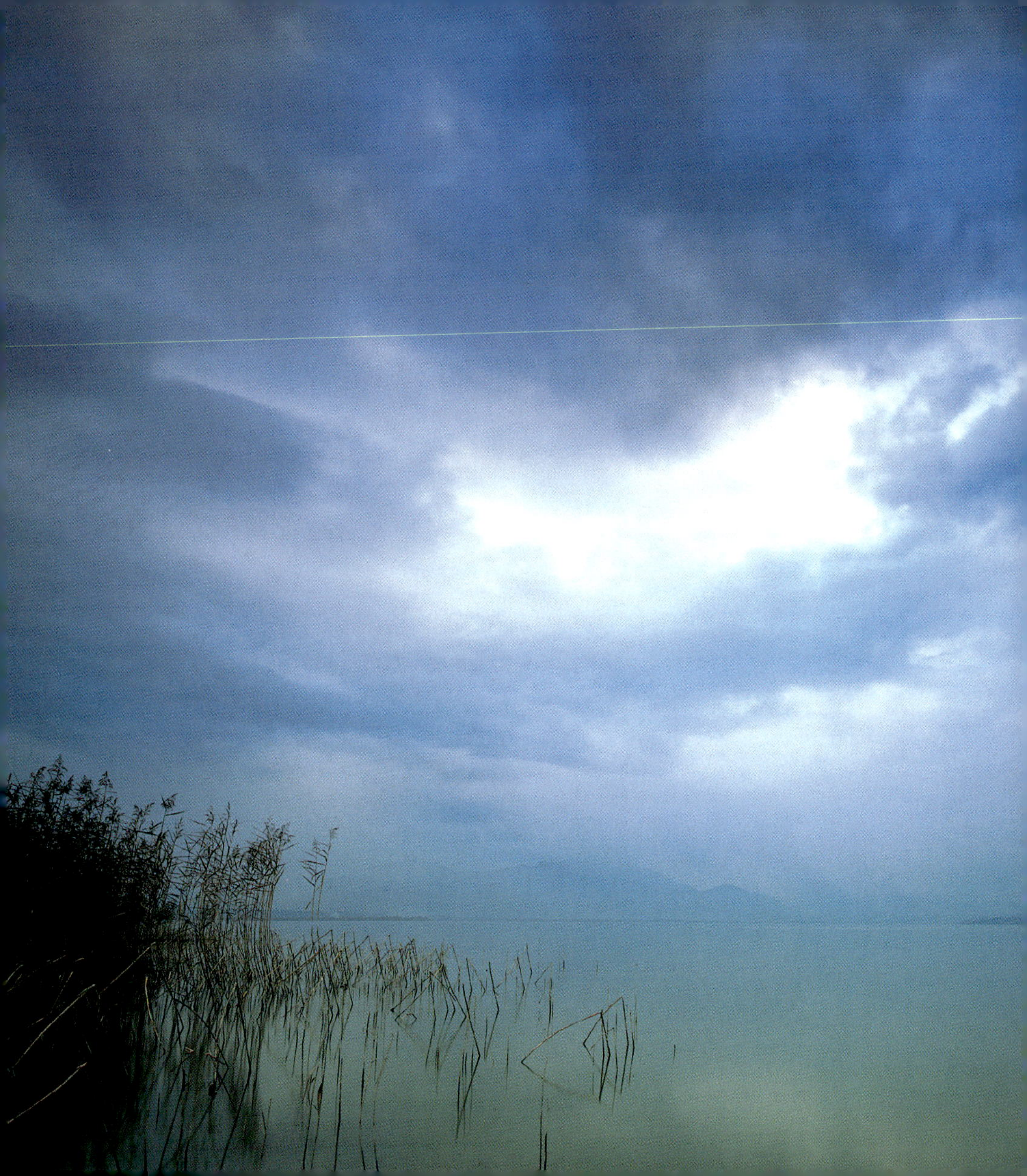

Danken macht Freude

Nun ist Undank bekanntlich der Welten Lohn, wie es so schön im Sprichwort heißt. Das wird auch deutlich in der eindrucksvollen Geschichte des Neuen Testaments, bei der eben nur einer der geheilten Aussätzigen dankbar zurückkehrt. Es gibt eine ganze Reihe von heiternachdenklichen Geschichten, in denen irgendjemand in einer Notsituation alles Mögliche gelobt, dies aber sofort wieder vergisst, sobald es ihm gut geht. Dabei ist Dankbarkeit nicht nur für denjenigen etwas Schönes, dem man diesen Dank abstattet, sondern sie erfüllt einen auch selber mit Freude, wenn man darüber nachdenkt, wie viele Gelegenheiten man so oft hat, danke zu sagen.

Kein Zungenbrecher

Was wäre, wenn es anders hieße
und sich schwer nur sprechen ließe,
brtlbrnft zum Beispiel, ja,
oder umplumpumblumbritlitschka.
Schwierigkeiten noch und nöcher
gäbs bei diesem Zungenbrecher.
Gott sei Dank, ich bin sehr froh,
ist im Deutschen das nicht so,
und das Wort kommt ohne Schranke
aus dem Munde leicht uns: Danke!

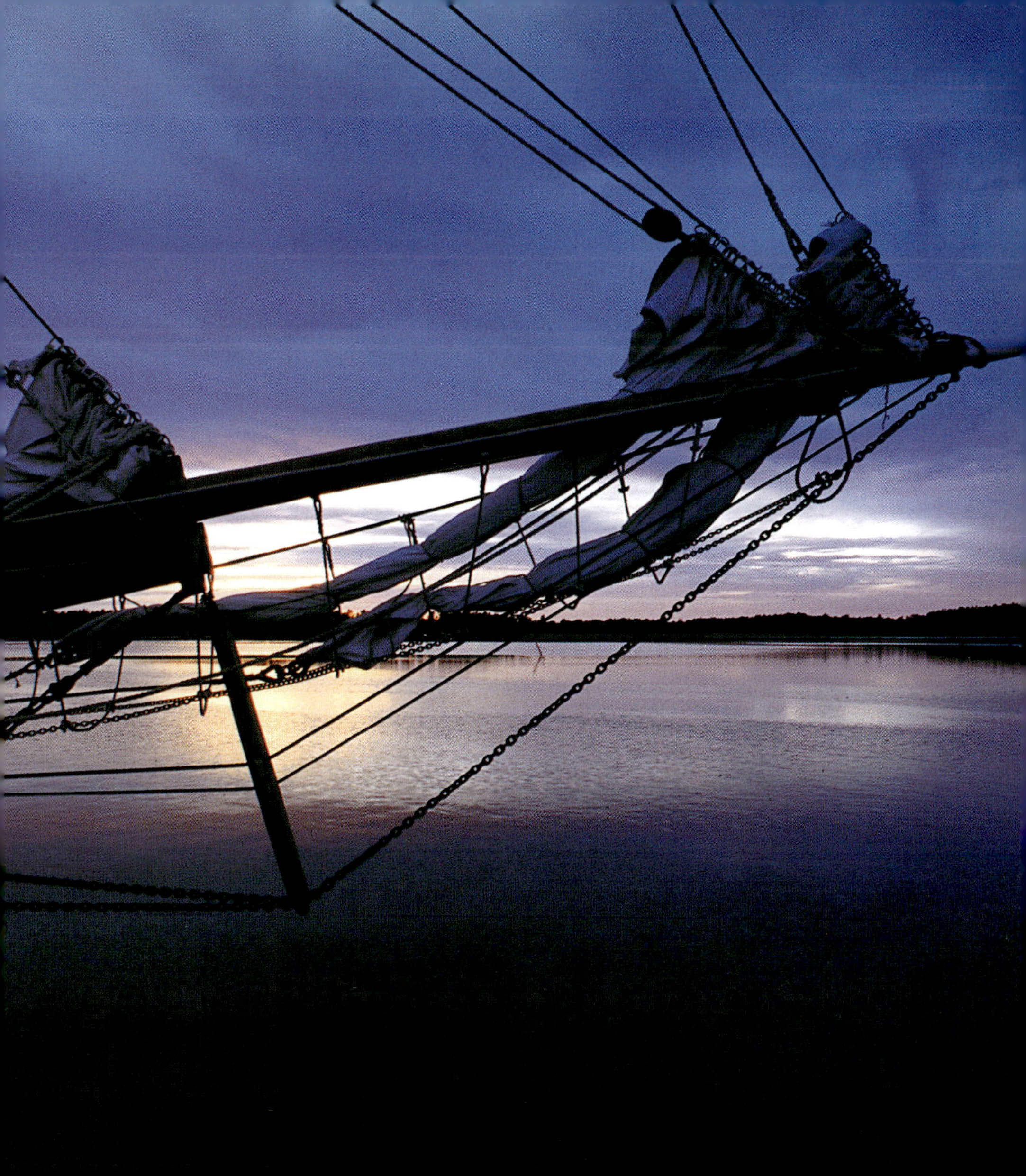

Von Herzen

Von Herzen Danke sag ich dir,
du weißt es ganz genau, wofür.
Als kleinen Dank versprech dir ich:
Du kannst verlassen dich auf mich.
Sags oder schreib ein Brieflein mir,
wenn du mich brauchst, ich halt zu dir.
Und weil ich das, was du getan,
vielleicht nicht selbst vergelten kann,
ists besser, dass ich an dem Tag
auch noch dazu vergelts Gott sag.

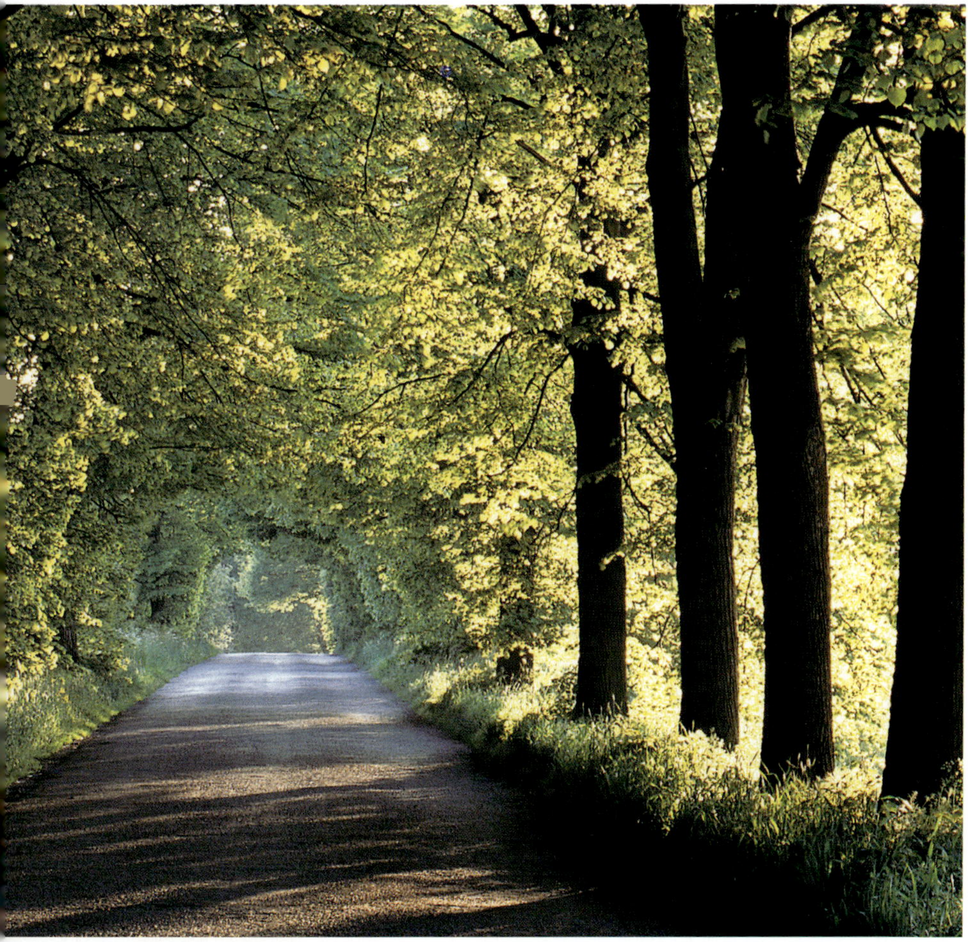

Nachbarschaft heute

Komisch, die Wände
der Wohnungen und Zimmer
werden in den Häusern, scheints,
immer noch dünner.
Man hört die Nachbarn
beim Reden und Lachen,
beim Baden, beim Spülen,
was sie auch machen.

Den Radio, Fernseher,
man hört alles rüber.
Und die anderen hören
dafür uns hinüber.
Und trotzdem, so nah
uns die Nachbarn auch schienen,
man hört manchmal doch
recht wenig von ihnen.

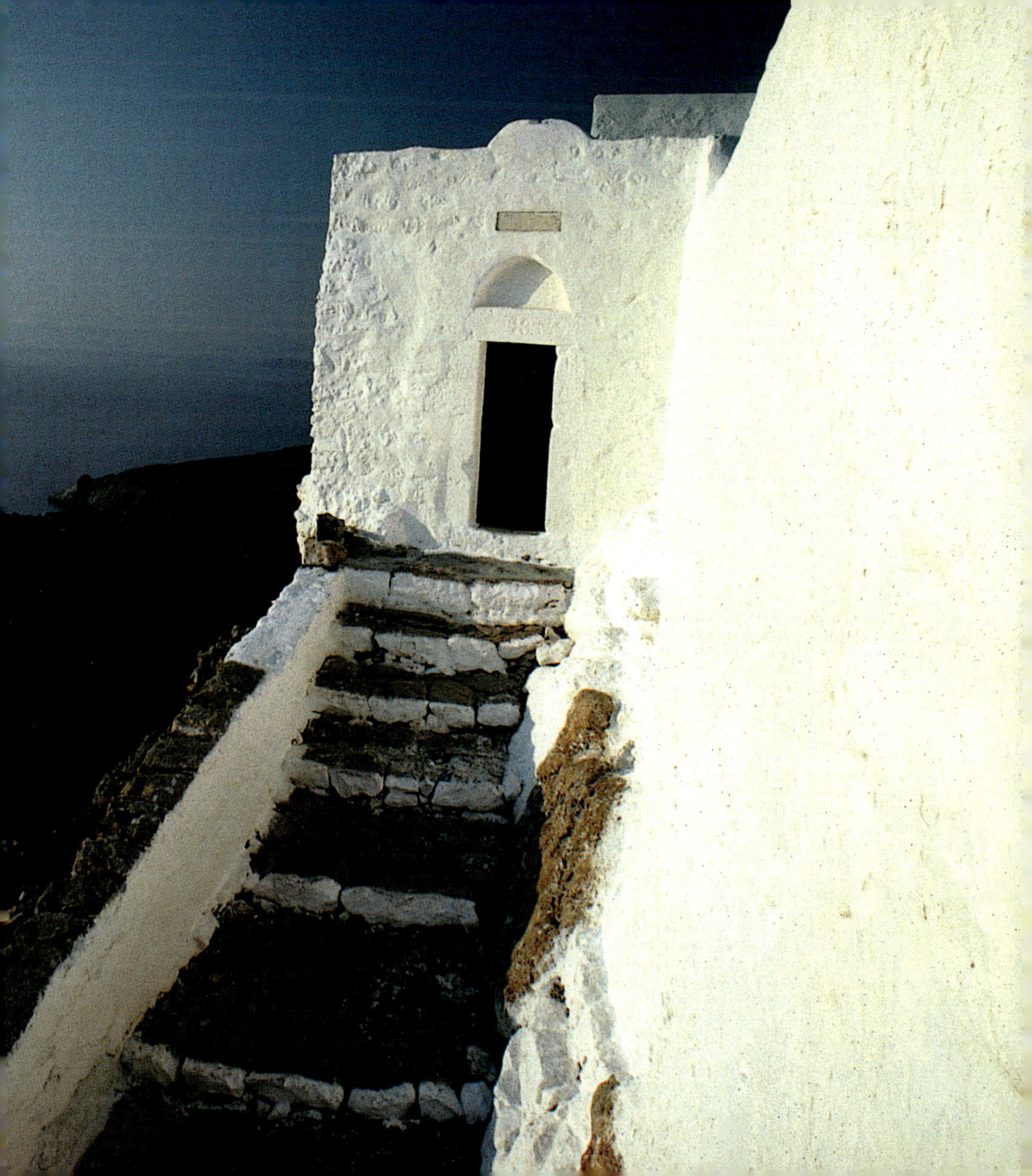

Wenn der Nachbar in Not ist
und wenns ihm schlecht geht,
wenn er Angst hat
und wenn er allein bloß dasteht,
wenn er krank ist und arm
und wenns ihn recht schlaucht,
hört man ihn kaum rufen,
wenn er uns braucht.

Drum glaub ich, wir sollten
uns schon einmal fragen,
warum über zu dünne
Mauern wir klagen,
wo die Mauern vorm Herzen
immer dicker doch werden
und wir unsern Nachbarn
kaum sehn mehr und hören.

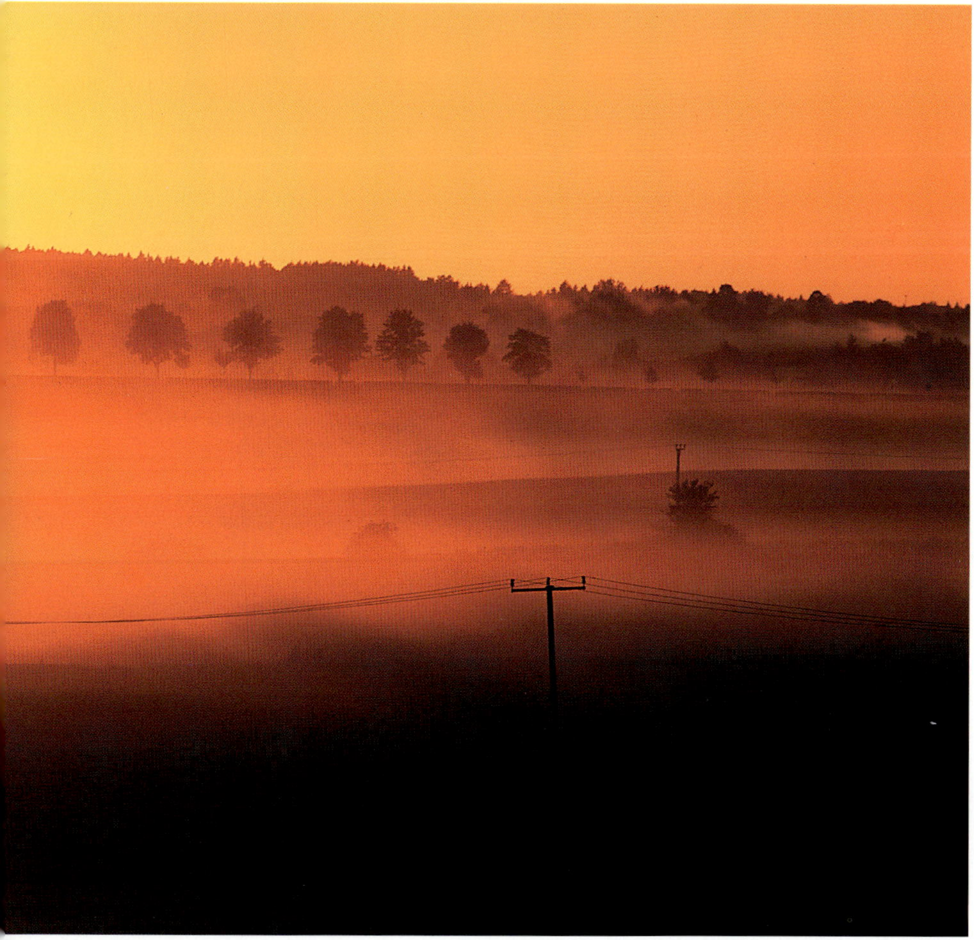

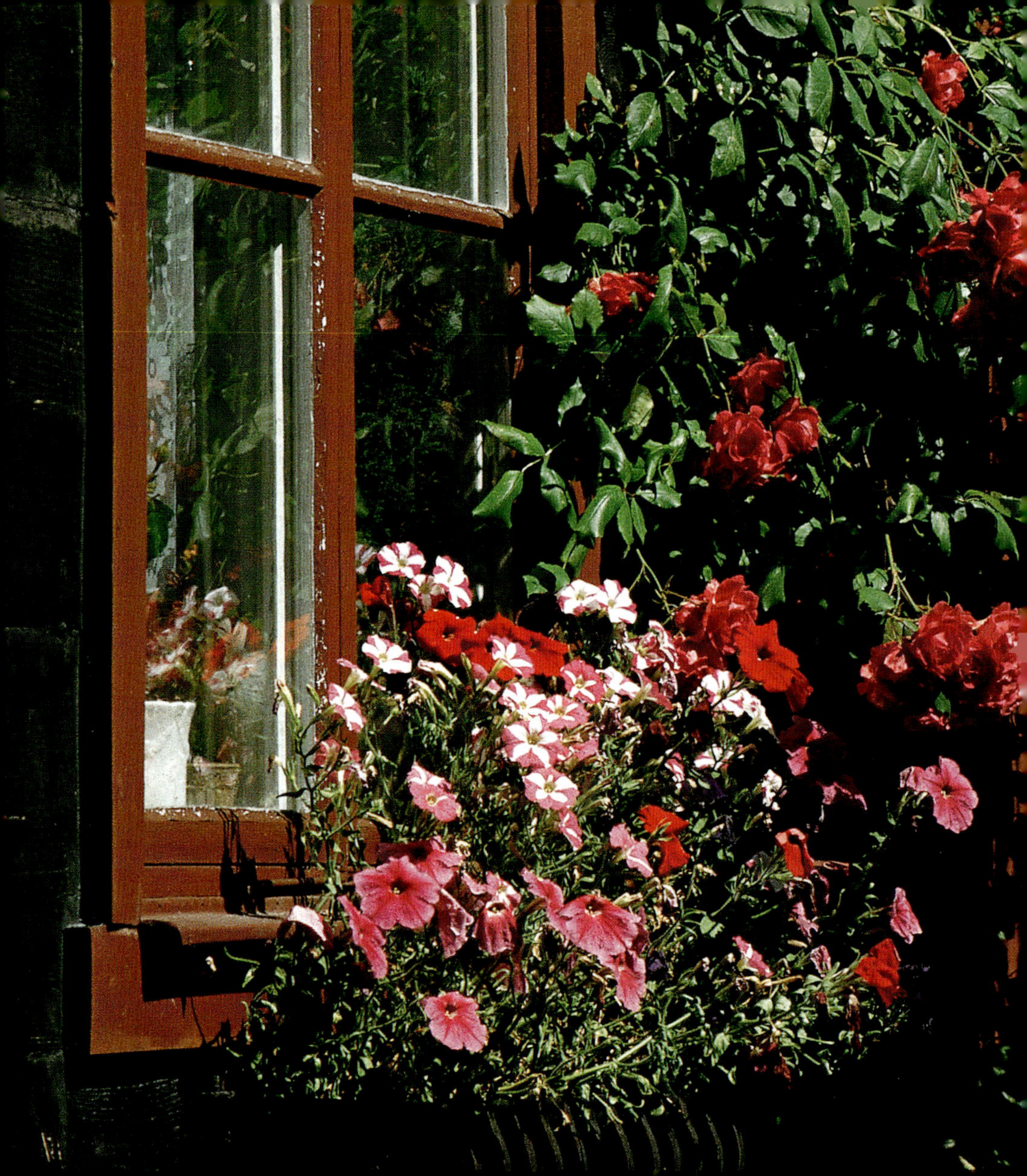

Die Welt verändern

Vielleicht sollten wir mehr daran denken, einmal Augen und Ohren aufzumachen, um das Schönere und Bessere in dieser Welt zu entdecken, ihm dann aber auch einen Namen geben, ihm Ausdruck verleihen, das Schöne und Gute, das wir erfahren, auch weitergeben. Ein böses Wort hier und da einmal verschlucken, dafür aber mehrere gute weitergeben und mit Freude erfahren, wie ein gutes Wort, ein dankbarer Blick geradezu wie ein Zauber wirken kann und die Umgebung auf einen Schlag verändert, das wäre doch einmal ein Experiment wert.

Es kommt auf mich an ...

Das erste gute Wort zu finden,
ein Licht im Dunkeln anzuzünden.
Ein bisschen lächeln, freundlich schauen,
dem Leben wieder zu vertrauen.

Mit offnen Augen rumzugehen,
das viele Gute, Schöne sehen.
Wald, Wiese, See, Natur zu achten
und nicht als Müllplatz zu betrachten.

Nicht nur ans eigne Wohl zu denken,
dem anderen Geduld zu schenken.
Wenn was nicht recht ist, sich zu rühren
und sich für Gutes engagieren.

Es kommt auf mich an,
es kommt auf dich an,
damit die Erde
noch besser werde.

Es kommt auf mich an,
es kommt auf dich an,
dass wir durch unser Leben
ein gutes Beispiel geben.

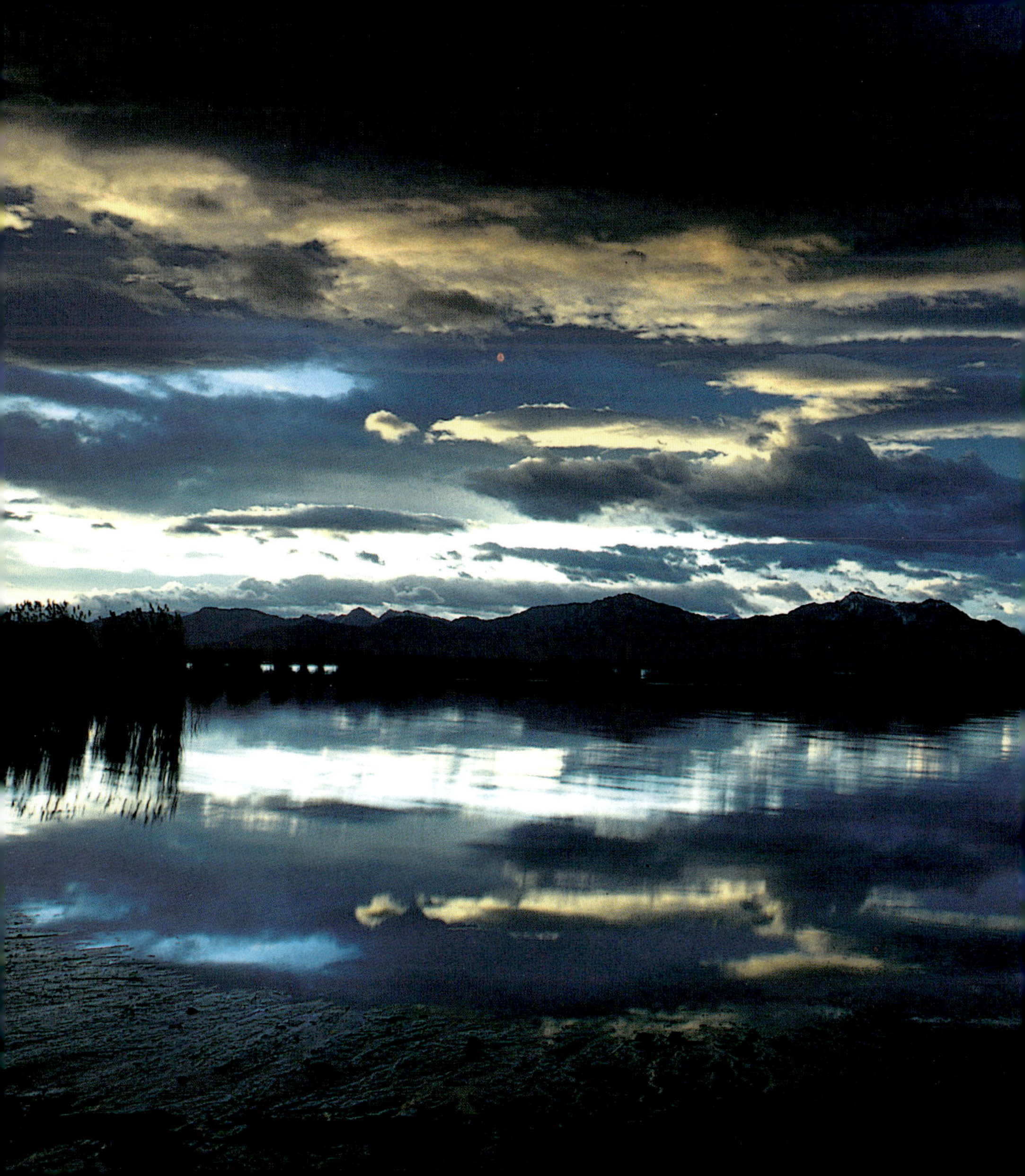

Ein Lächeln

Schick ein Lächeln auf die Reise,
schick es in die Welt.
Wie ein Zauberwort
wirkt es fort und fort,
weil es froh macht und erhellt.

Schick ein Lächeln auf die Reise
und steck mit Freuden an.
Und du wirst es sehn,
es ist wunderschön,
wie man lächelnd zaubern kann.
Ein Lächeln ist ein Lied,
das zu allen Menschen zieht,
das über Grenzen geht,
weil mans überall versteht.
Wir reichen uns die Hand.
Unser Lächeln ist ein Band,
das uns zusammenhält,
als Freunde in der Welt.

Schick ein Lächeln auf die Reise,
schick es in die Welt.
Wie ein Zauberwort
wirkt es fort und fort,
weil es froh macht und erhellt.

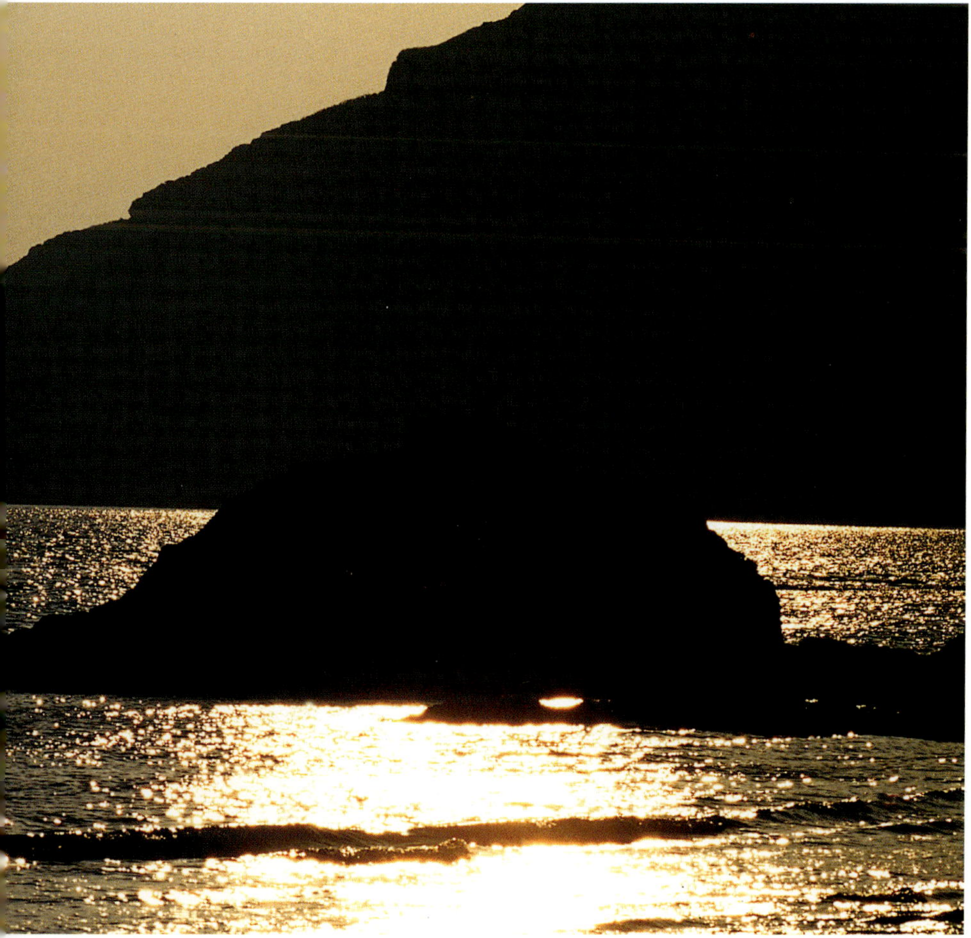

Die schönste Verbindung

Wie ein Regenbogen, der bunt übers Land
als freundlicher Gruß nach dem Regen sich spannt
und Sonne und neues Leben verkündt.
Wie eine Brücke, die Ufer mit Ufer verbindt,
die vereint, was drüben, herüben da lebt.
Wie ein Leim, der einen Riss wieder klebt,
wie eine Straße, ein Weg, wie ein Pfad,
der vereint, was gern zusammen sein mag …

Gerade so kann ein Lächeln auch sein,
das Menschen verbindet, die sonst sind allein.
Es ist das schönste Band für die Leute.
Probiers doch mal aus. Am besten noch heute!

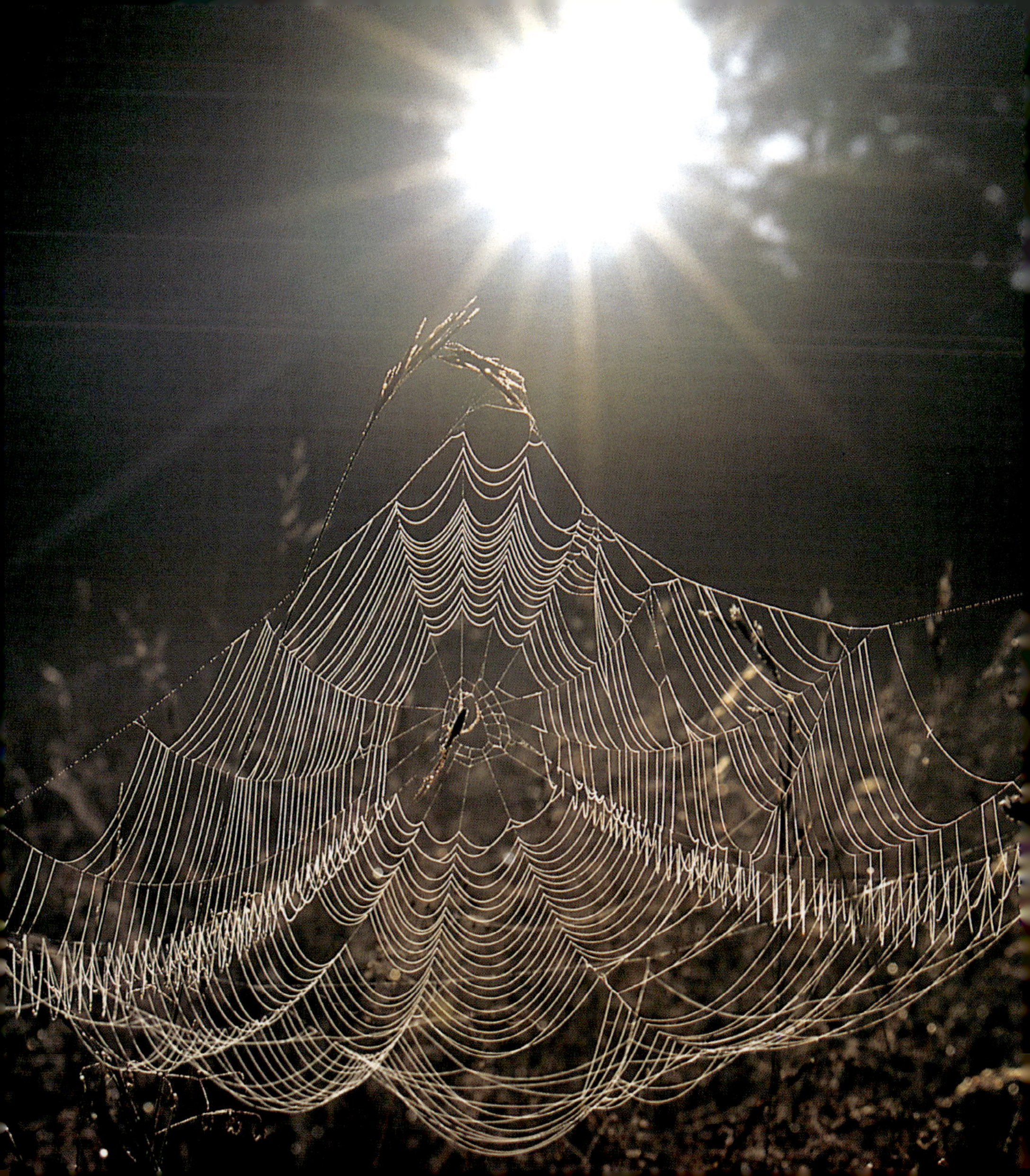

Neue Brücken

Viele Menschen sind so einsam,
haben keinen Freund,
leben ohne jede Sonne,
die so oft uns scheint.

Lasst uns etwas weitergeben
von dem hellen Schein,
Licht in manches Dunkel bringen,
gut zum andern sein.

Wie viel redet man vom Frieden,
aber was geschieht?
Krieg und Streit, wohin wir blicken,
stets das alte Lied.

Damit es nicht nur bleibt beim Reden,
kümmern wir uns drum,
schaun wir uns in unsrer Nähe
nach dem Nächsten um!

Lasst uns neue Brücken bauen
hier in dieser Welt,
lasst uns nach den andern schauen,
da sein, wenns wo fehlt!

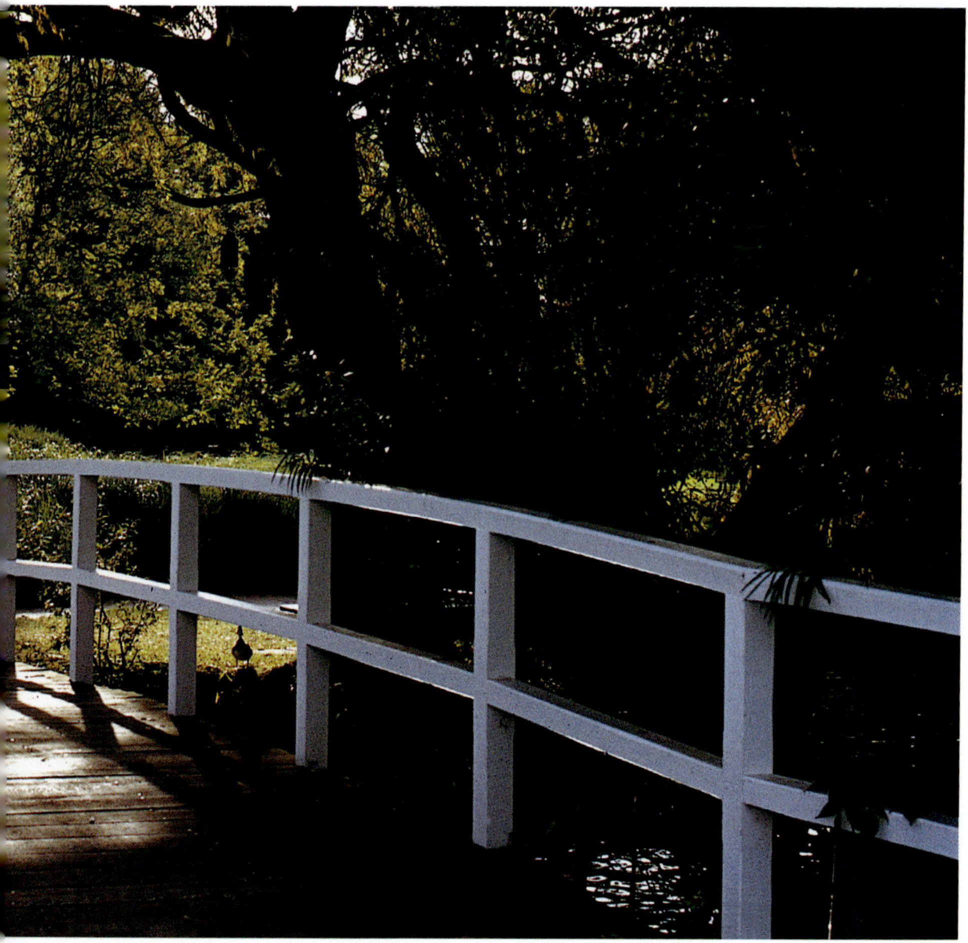

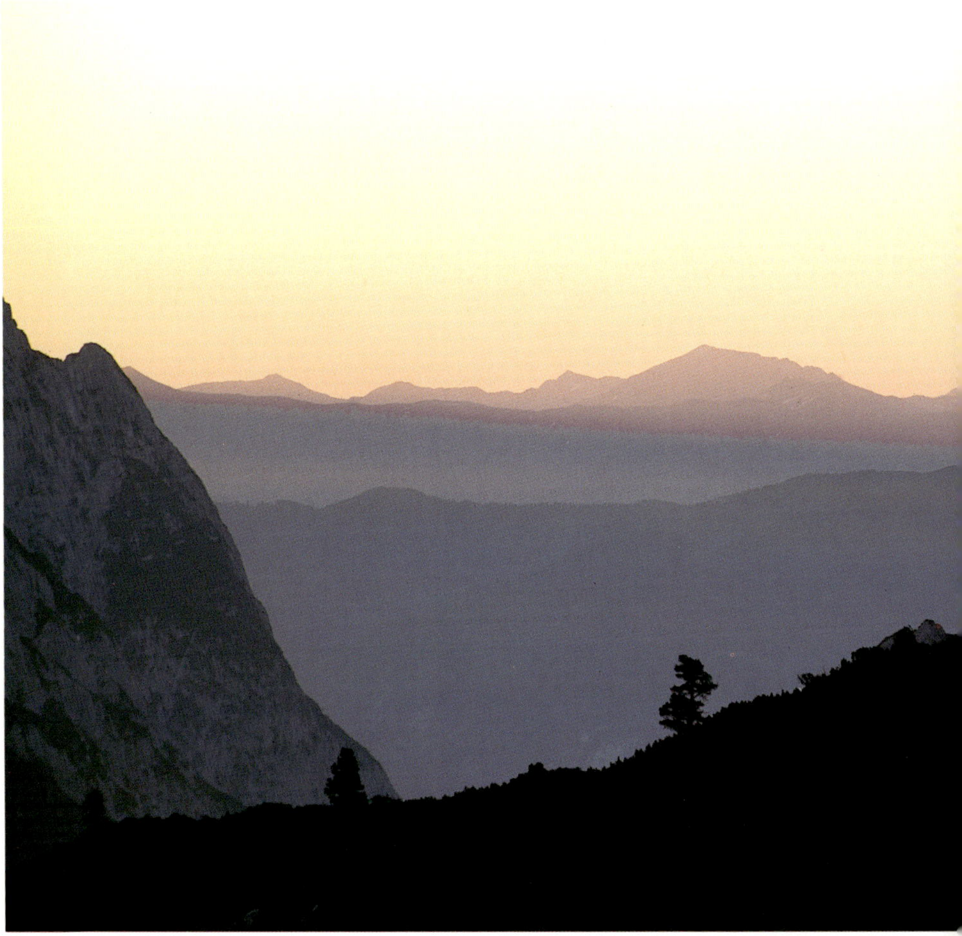

Die Welt ist wunderbar

Ein Blick aus dem Fenster zeigt mir, dass die Welt langsam wieder zu blühen beginnt, und das ist doch auch nicht ganz selbstverständlich. Der Baum, der noch vor kurzer Zeit ausgeschaut hat wie ein Besen, zeigt schon das erste Grün. Bald wird er von Blüten übersät sein. Wenn ich das Fenster jetzt aufmache, höre ich die ersten Vogelstimmen. Ist es nicht wunderbar, dass, wo man hinschaut, hinhört, rings um uns alles voll Leben ist? Ein altes Kindergedicht fällt mir ein, was man alles nicht für Geld kaufen kann, was man aber auch gar nicht kaufen braucht, es umsonst, geschenkt bekommt: die Sonne am Himmel, die vielen netten Menschen, die es gibt. Vielleicht sollte ich mir doch einmal eine Liste anlegen für all das Gute und Schöne und Wunderbare, das alles andere als selbstverständlich ist.

Staunen lernen

Heute wird so viel vom Lernen geredet. Man will sogar ein eigenes Lernjahr im Kindergarten einführen. Wäre es aber nicht wichtiger, dass unsere Kinder, aber auch wir selber wieder etwas mehr von dieser Welt vernehmen lernen? Kann das überhaupt noch glücken, wo schon wir, vor allem aber unsere Kinder die Dinge immer weniger kennen lernen, erfassen, erleben, weil sie doch häufig nur mehr die Ab- und Zerrbilder in irgendwelchen Zeichentrickfilmen sehen? Wie soll man da ein Bild bekommen, etwas von und über die Dinge erfahren? Wie sollen die Blumen, die Bäume, das Wasser, die Sterne, der Mond noch zum Singen gebracht werden, wenn die Kinder beispielsweise keine »Gute-Nacht-Geschichten«, keine »Gute-Nacht-Lieder« mehr kennen! Vom guten Mond, der nur halb zu sehen ist und doch rund und schön ist. Vom Bäumchen, das seine Blätter verlor, oder von dem »Freund Baum«. Was soll später einmal aufklingen, wenn man nicht in der Hoffnung einschläft, dass man von »guten Mächten«, von Gott bewacht wird? Vielleicht sollten wir einmal darüber nachdenken, dass wir nur da etwas wecken können, wo wir uns wieder etwas mehr Zeit zum Staunen, zum Wundern, aber auch zum Träumen nehmen.

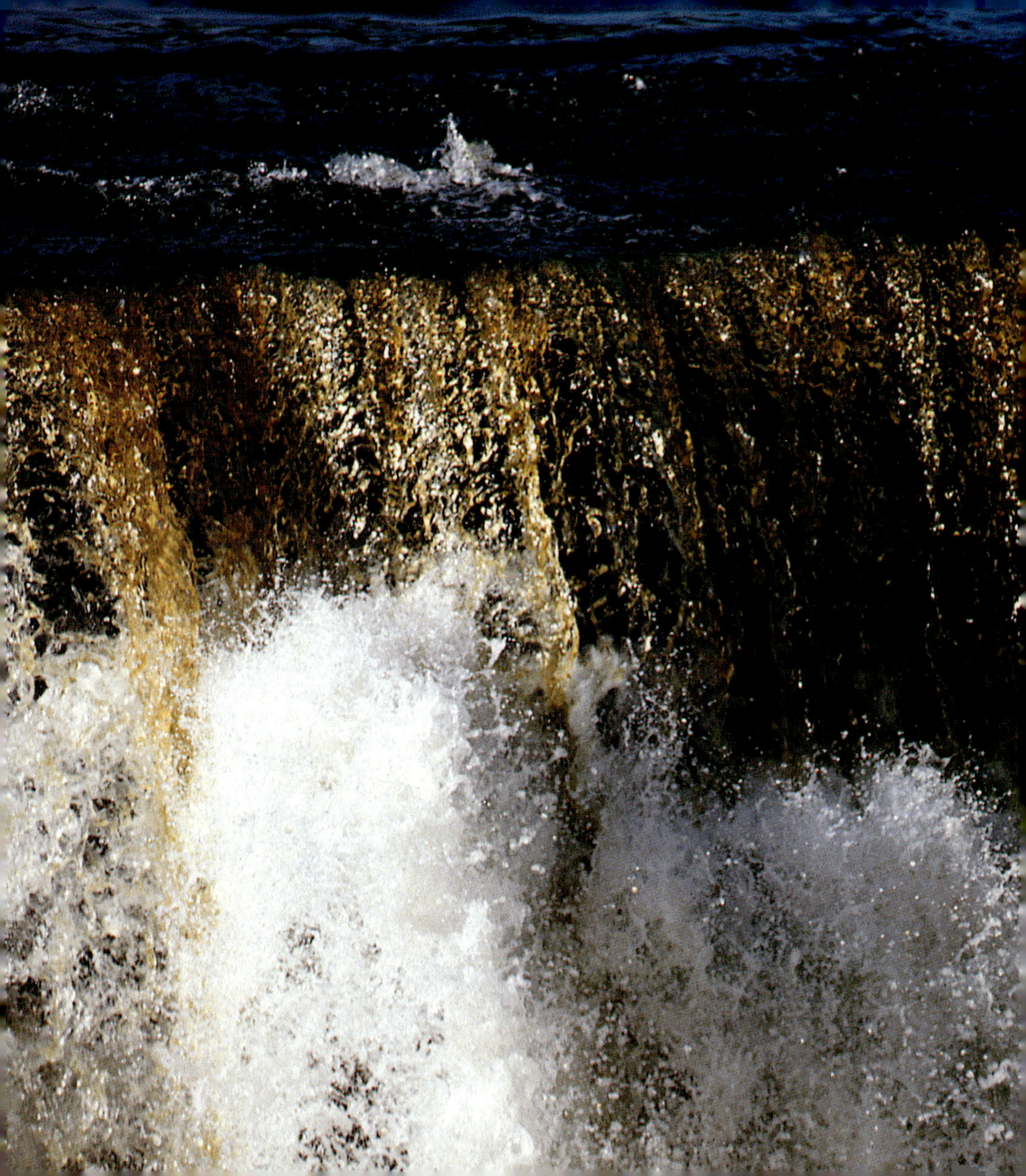

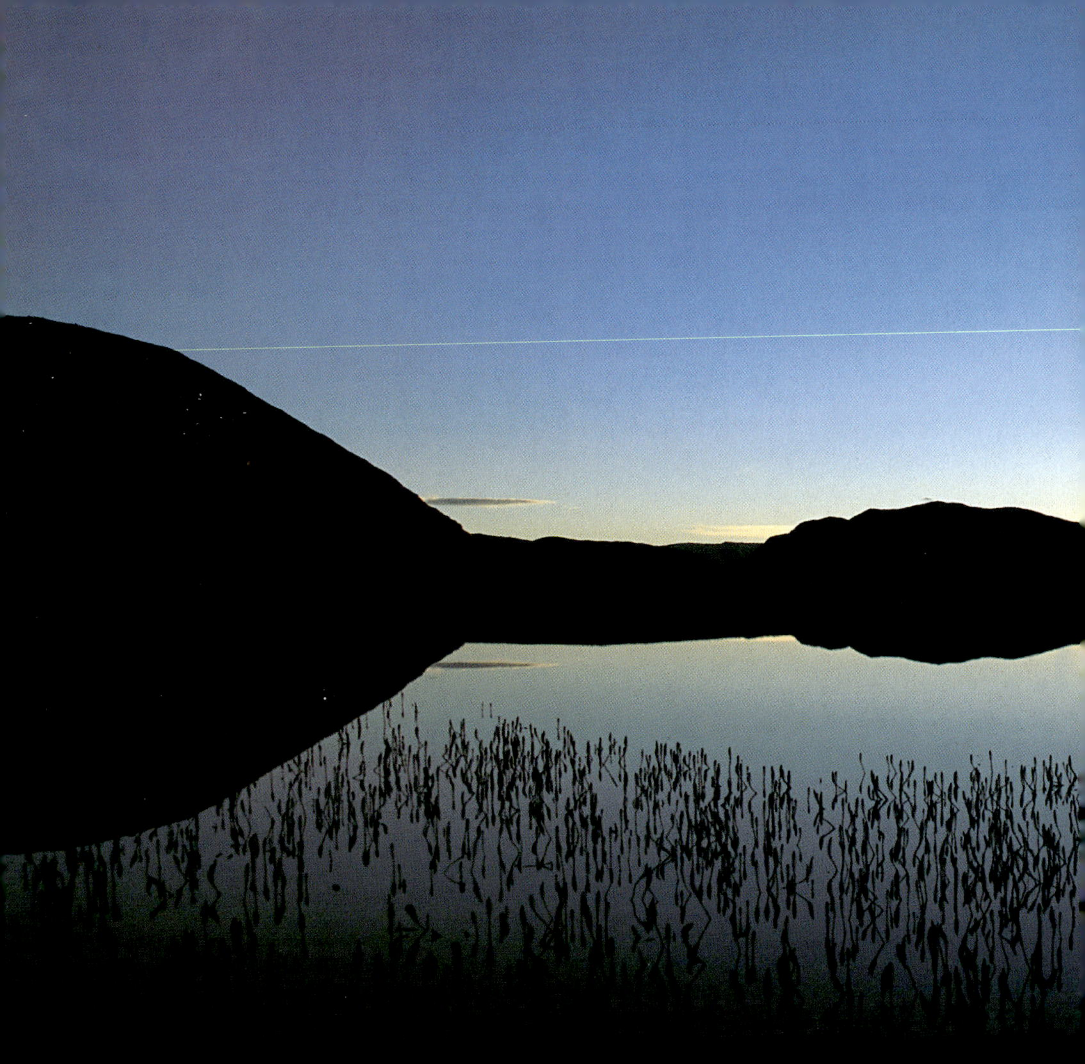

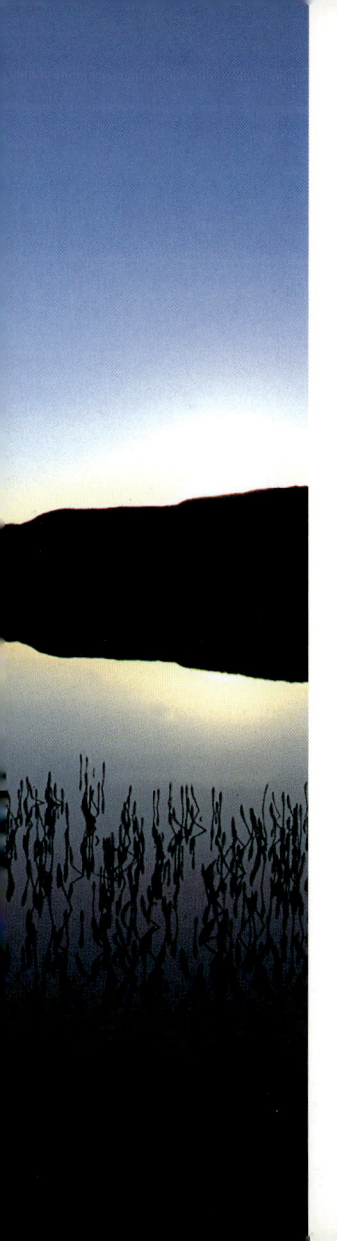

Lebens-Zeit

Vielleicht sollten wir hin und wieder darüber nachdenken, dass wir, je mehr Zeit wir gewaltsam einsparen, desto mehr unter Zeitdruck geraten. »Zeit ist Leben und Leben ist Zeit«, meint Michael Ende. Das bedeutet, dass wir uns wenigstens hin und wieder Zeit nehmen, darüber nachzudenken, dass wir dem Leben Zeit geben sollten, um die Zeit mit Leben zu erfüllen.

Du

Zeit kann ganz verschiedene Namen haben.
Sie kann heißen:
Kalender, Uhr, Stunde, Sekunde.
Sie kann heißen:
Langeweile, grauer Alltag.
Sie kann heißen:
Eile, Hast, Tempo.
Aber wenn du da bist,
hat die Zeit nur einen Namen:
Du.

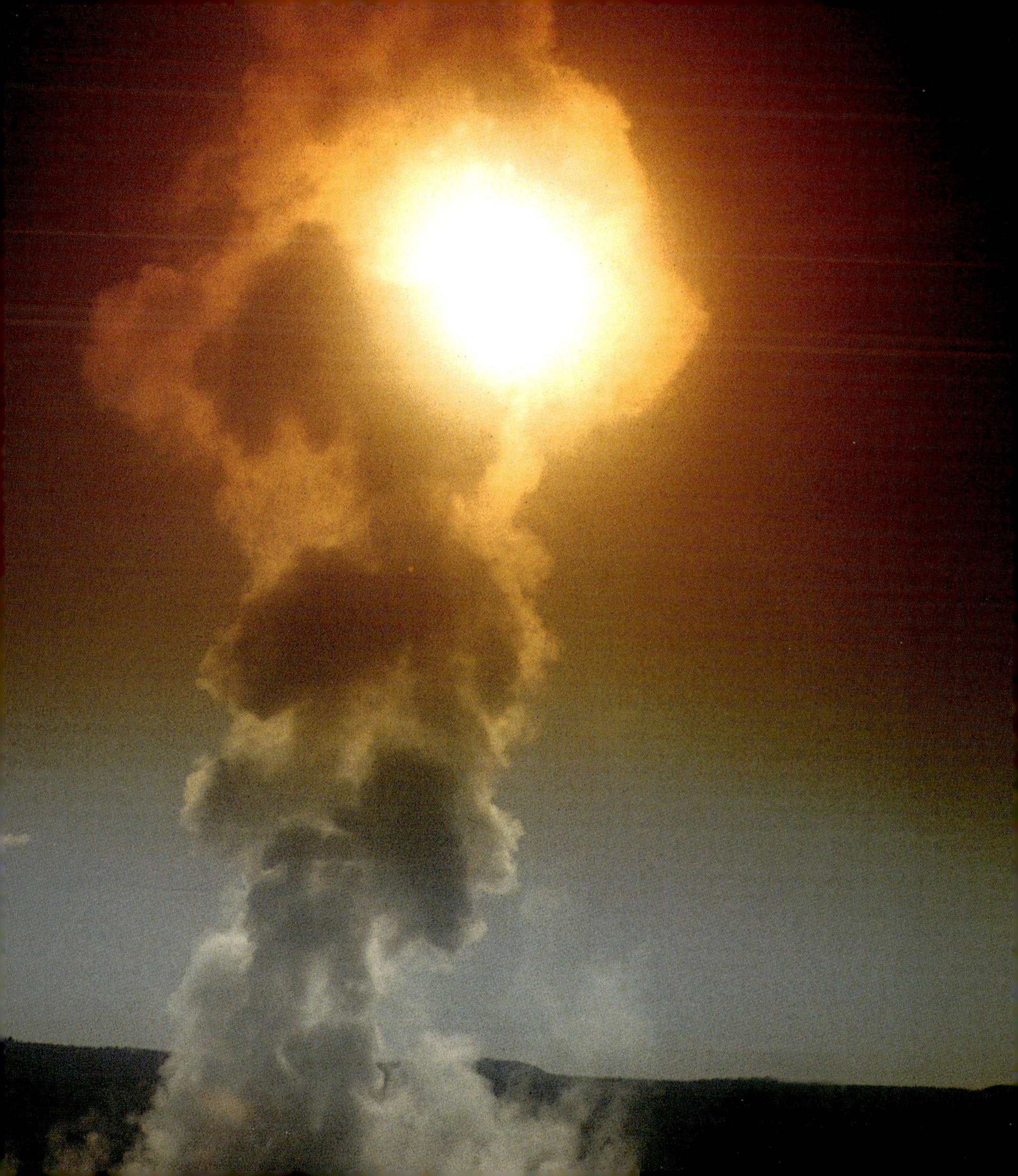

Einmalig

Zwar sind andere alt genauso viele Jahre
und haben wie du braune Haare,
blonde, schwarze oder graue,
haben wie du grüne Augen – oder blaue.
Zwar gibt es bestimmt noch mehr auf der Welt,
die haben wie du genauso viel Geld,
die reich oder arm sind ganz genauso.
Und ganz bestimmt lebt auch irgendwo
wer, der so dick ist, so dünn, klein und groß.
Und deinen Namen sogar hast nicht du allein bloß.
Trotzdem, trotzdem, wenn noch so viel leben,
die heißen wie du, dich wirds einmal nur geben.
Dich, bloß dich gibts nur einmal jetzt und heut,
nicht früher, nicht später, bloß jetzt zu der Zeit.
Hör ich deinen Namen, denk ich nicht bloß an wen,
denk an dich nur und freu mich, dass ich dich kenn.
Dies alles, das wollt ich schon seit Tagen,
aber spätestens heute dir endlich mal sagen.

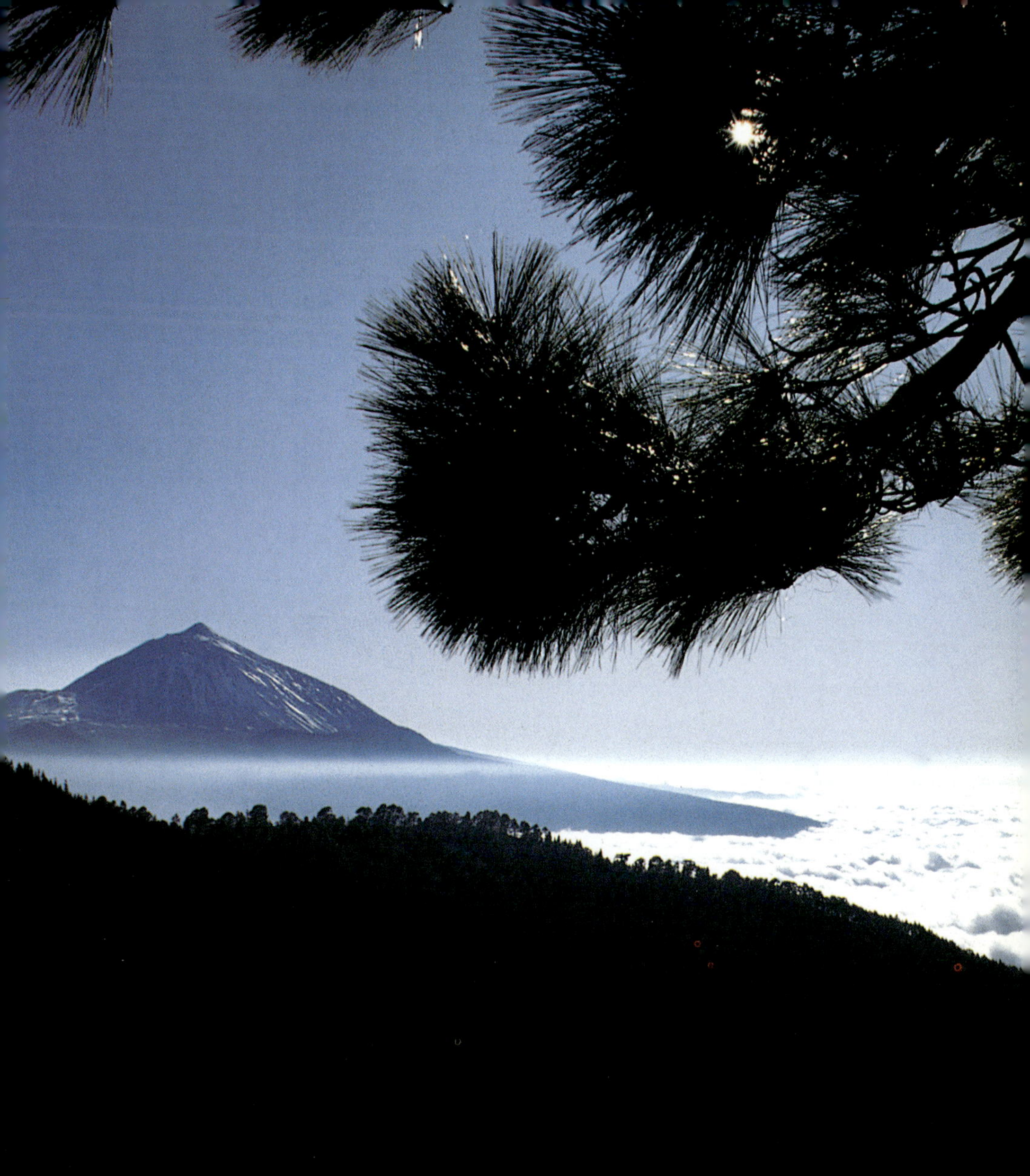

Bevor nicht …

Bevor man am Mond nicht Rettiche pflanzt,
bevor nicht die Zugspitze Schuhplattler tanzt,
bevor man am Nordpol nicht Steinpilze findt,
bevor die Isar in die Spree nicht reinmündt,
bevor Nikolaus nicht ein Osterei bringt
und nicht unterm Maibaum man »Stille Nacht« singt,
bevor Neujahr nicht in den Sommer reinfällt,
solang bleib ich der, der fest zu dir hält.

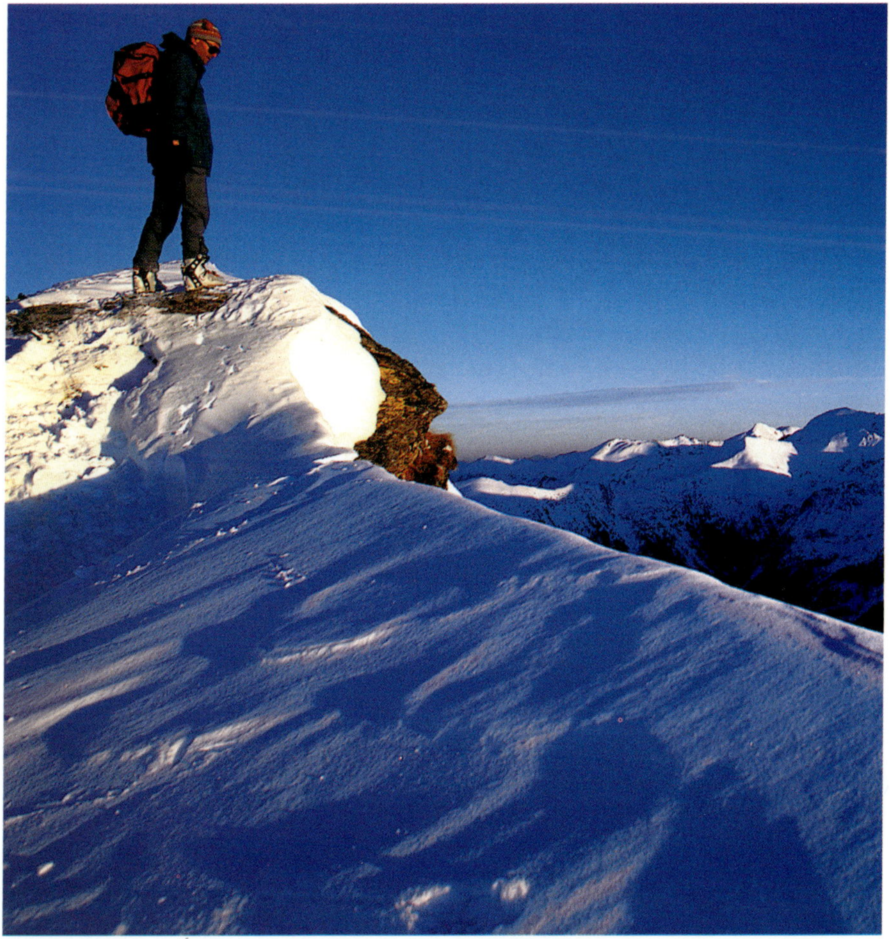

Ein Dank an dich

Ich sage Danke dafür heut,
dass du für mich hast immer Zeit,
und ein Vergelts Gott auch dafür,
dass ich dann kommen darf zu dir,
wenn mir was recht am Herzen liegt.
Ich find es schön, dass es dich gibt.
Was wäre ich bloß ohne dich?
Durch dich bin ich erst richtig ich.
Komm, lass uns weiter Freunde sein.
Ich brauche dich, bin sonst allein.

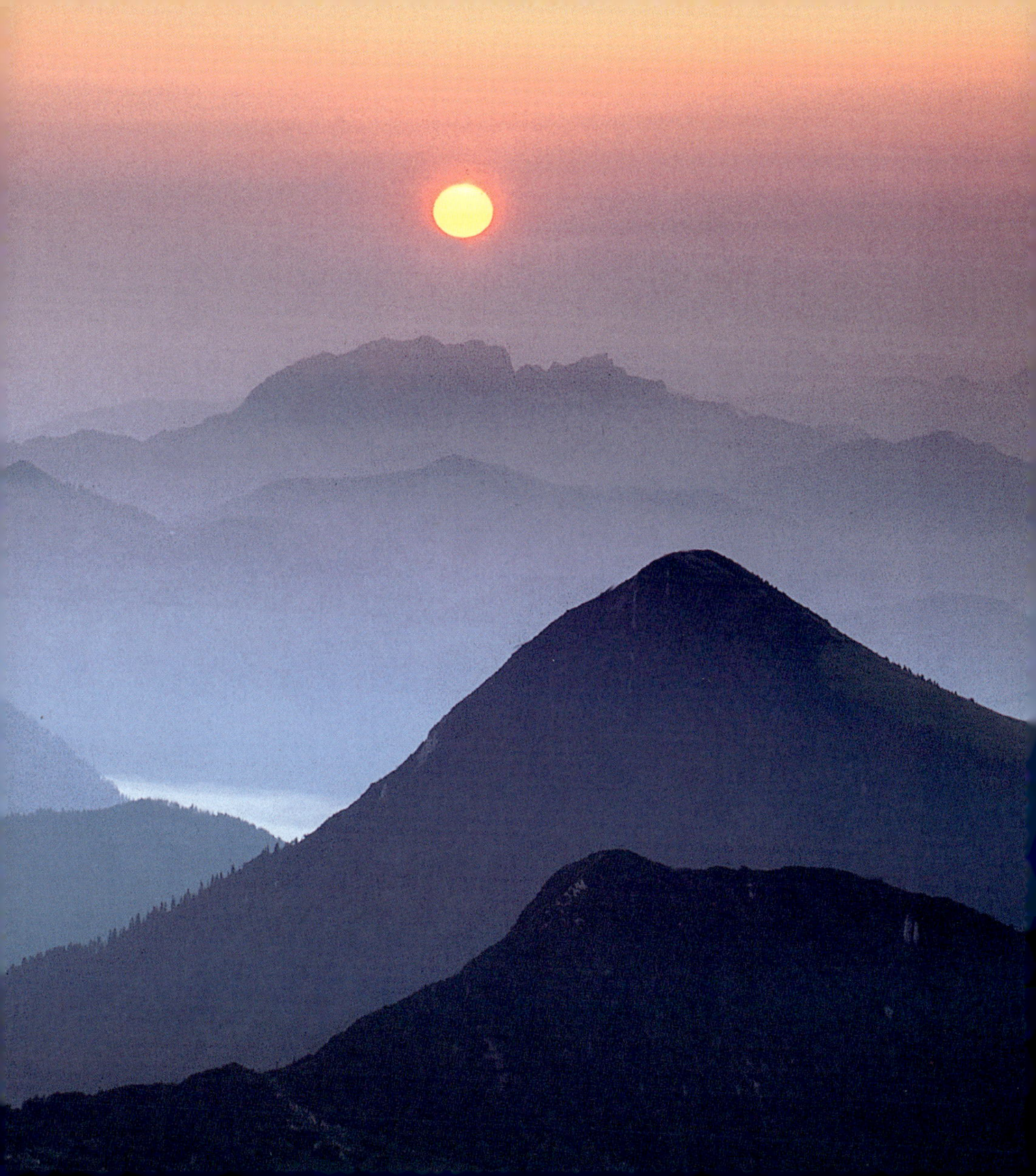

An den Partner

Jeden Tag steht in der Zeitung
was von einer neuen Scheidung.
Ob in München, Dortmund, Bremen,
es müssen sich schön langsam schämen,
die verheiratet seit Jahren
und sich trotzdem Treu bewahren.
Doch auf die Statistik pfeif ich,
denn mit dir, mein Schatz, begreif ich:
Gut ists zueinander stehen,
Wege Hand in Hand gemeinsam gehen.
Dass durch Höhen wir und Tiefen
stiegen, stolperten und liefen,
auf die hellen und die grauen
Stunden nun gemeinsam schauen,
dass wir uns nach all den Tagen
stets noch haben was zu sagen,
freu ich mich und sag dafür
ein ganz großes Danke dir.

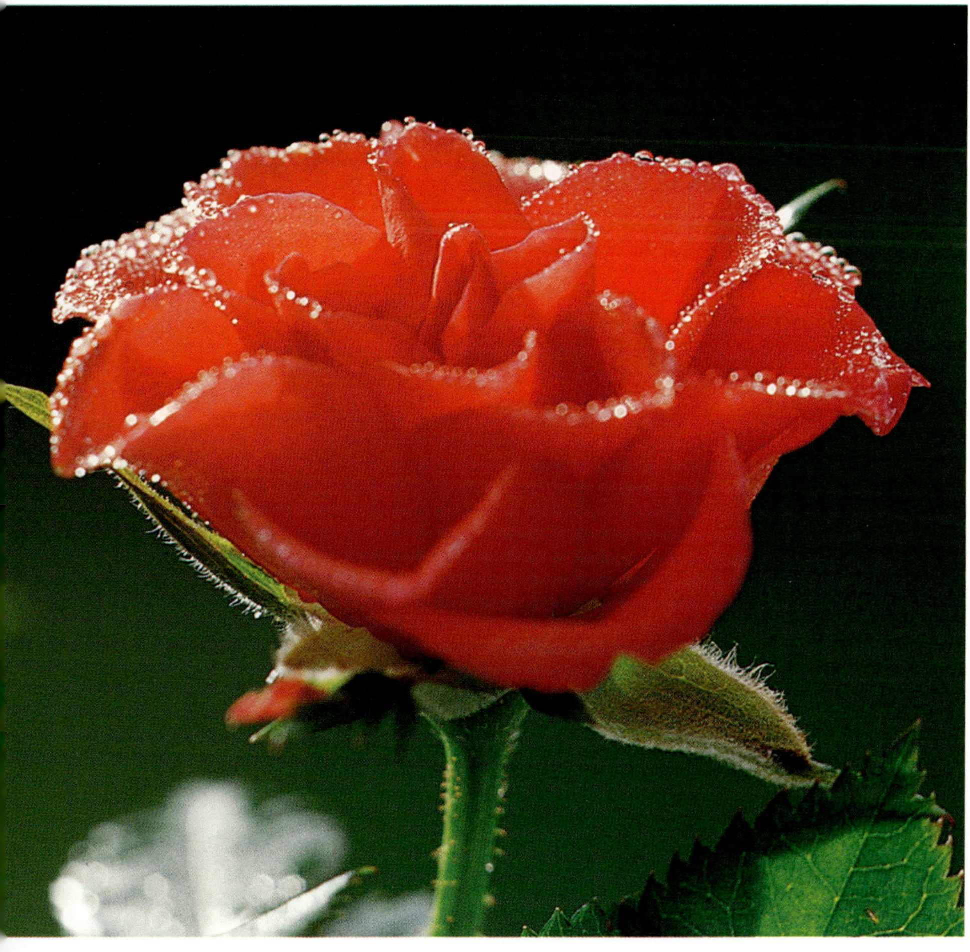

An die Mutter

Du hast das Größte mir gegeben:
Mein Dasein, das verdank ich dir.
Du, Mutter, schenktest mir das Leben;
denn du hast Ja gesagt zu mir.

Du gabst den Dingen ihren Namen,
halfst erste Worte zu verstehn.
Du gabst der Welt erst ihre Farben,
ließest mich ihre Schönheit sehn.

Du wusstest Märchen und Geschichten
und sangst mich in den Traum der Nacht,
erzähltest mir von Gott, dem Vater,
hast mir das Beten beigebracht.

Ich machte meine ersten Schritte
an deiner lieben, guten Hand.
Du zeigtest mir die ersten Wunder
in einem unbekannten Land.

Du hast mir meine Angst genommen;
denn wenn ich rief, dann warst du da.
Du gabst Vertrauen mir ins Leben,
weil ich stets spürte, du bist nah.

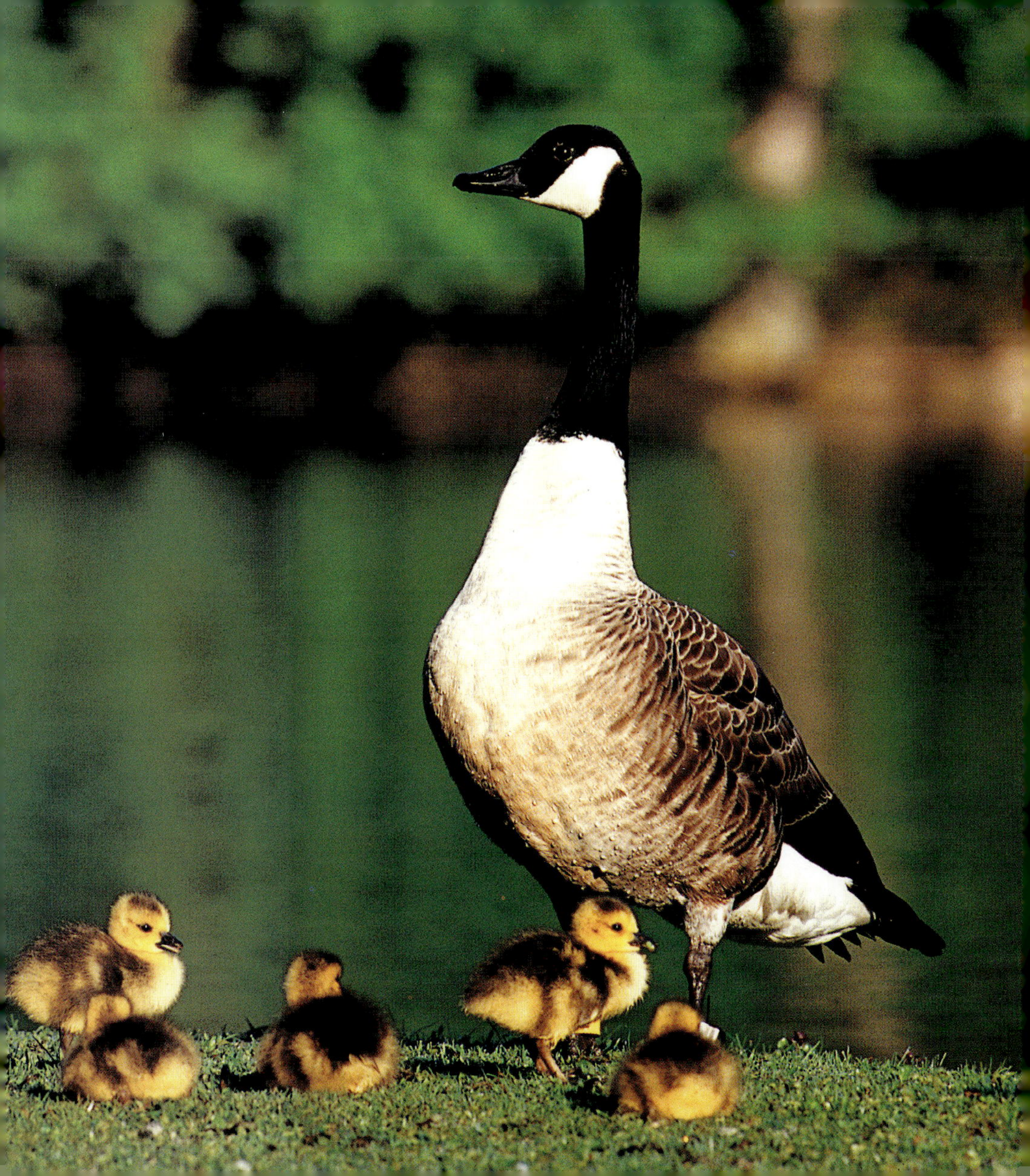

Wenn du mich ansahst, sah ich Freude
und wusste mich von dir geliebt.
So lernte ich mein erstes Lächeln,
die schönste Sprache, die es gibt.

Was du tatst, kann ich nie vergelten.
Zu klein ist meine Kraft dafür.
Drum kann ich nur das eine sagen:
Hab Dank, und Gott vergelt es dir.

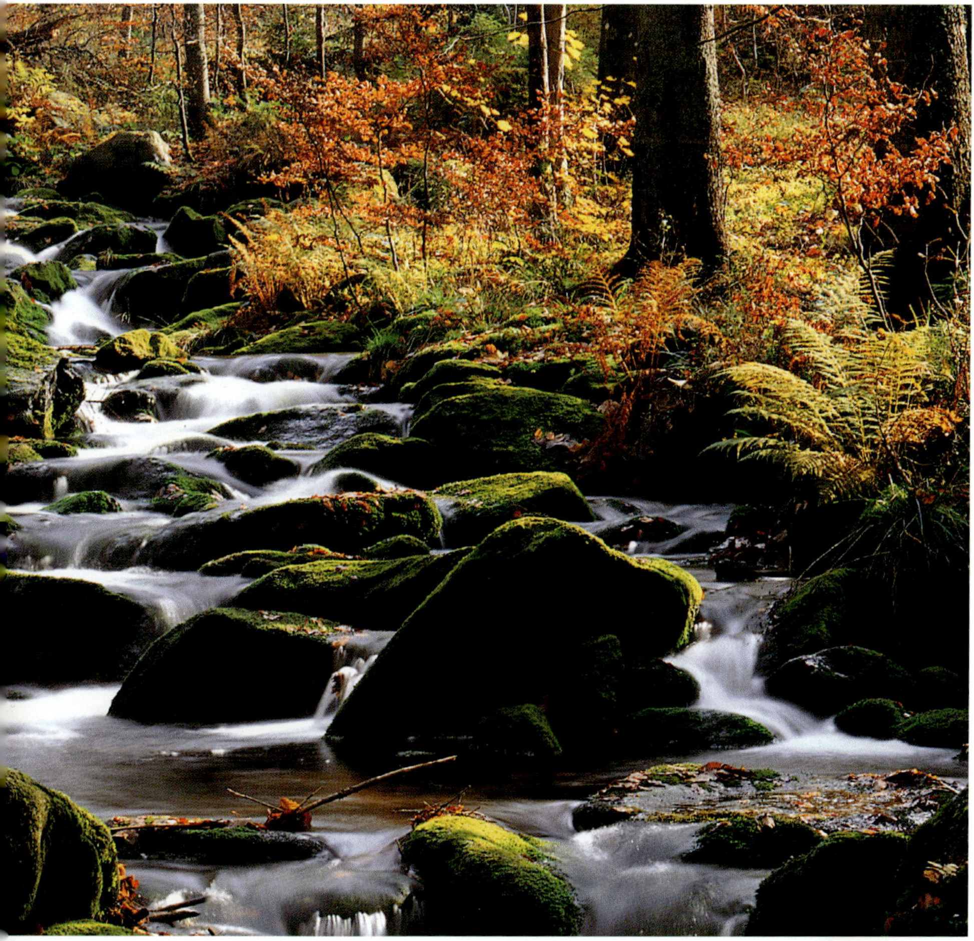

An den Vater

Ist mein Vater in der Nähe,
ist die Welt nicht trüb,
sondern ist voll bunter Farben;
denn er hat mich lieb.

Ich brauch seine starken Arme,
denn ich bin noch klein,
seine Hände, die mich führen
in die Welt hinein.

Unsre Welt hat viele Straßen,
und es fiel mir schwer,
meinen Weg allein zu finden,
wenn nicht er da wär.

Hab ich Fragen, hab ich Sorgen,
wend ich mich an ihn.
Und es bleibt ihm nicht verborgen,
wenn ich traurig bin.

Wenn ihr beide, Vater, Mutter,
beieinander seid,
ist für mich und alle Kinder
unsre schönste Zeit.

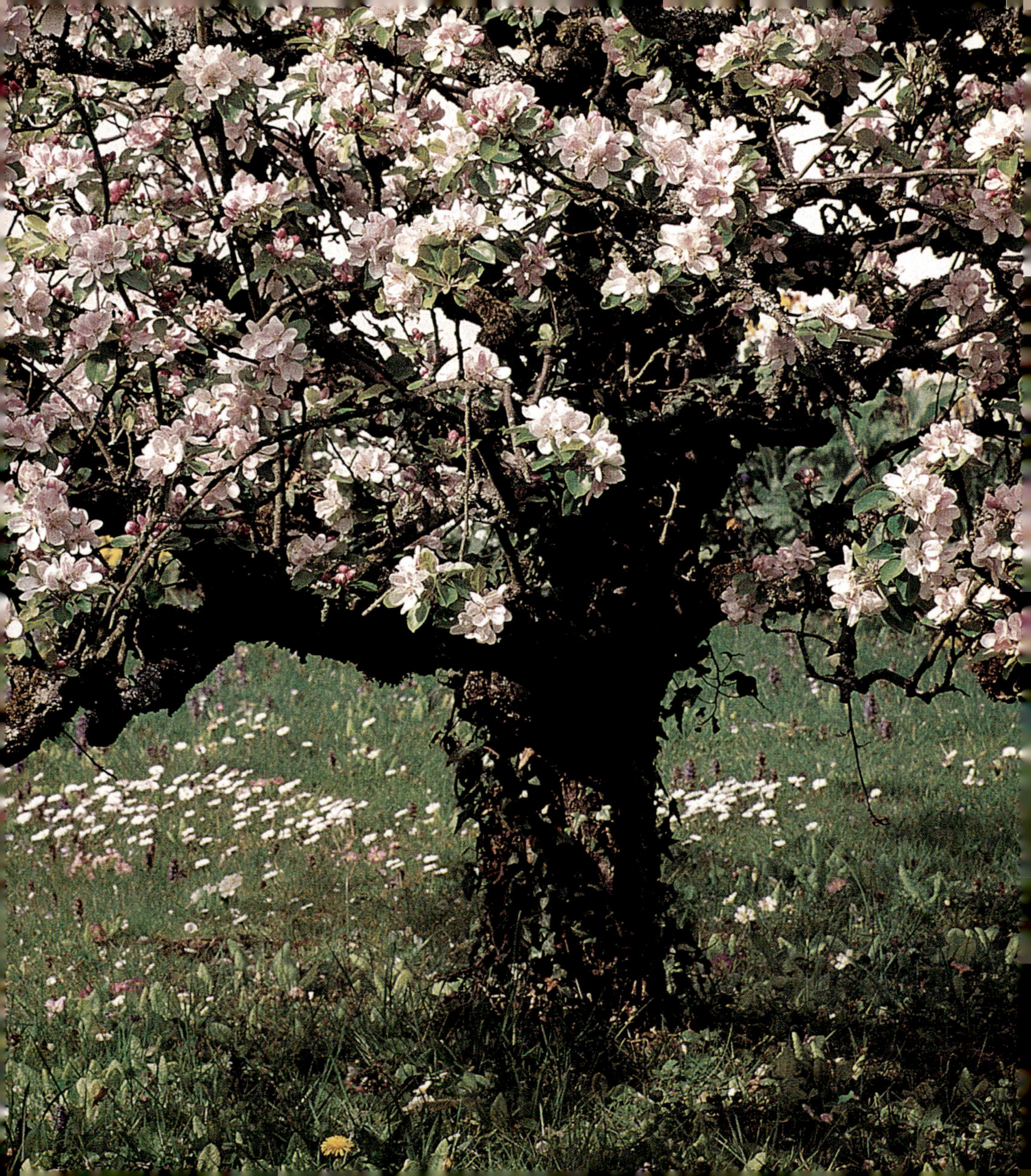

Und wenn du auch viel zu tun hast,
Vater, denke dran,
dass man Zeit, wo ich dich brauche,
nie zurückdrehn kann.

Darum möcht ich dir noch sagen,
dass du nie vergisst:
Meine Welt beginnt zu reden,
wenn bei mir du bist.

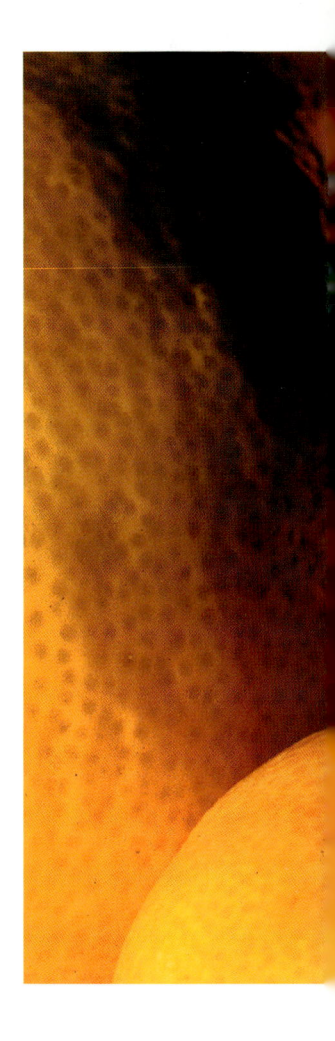

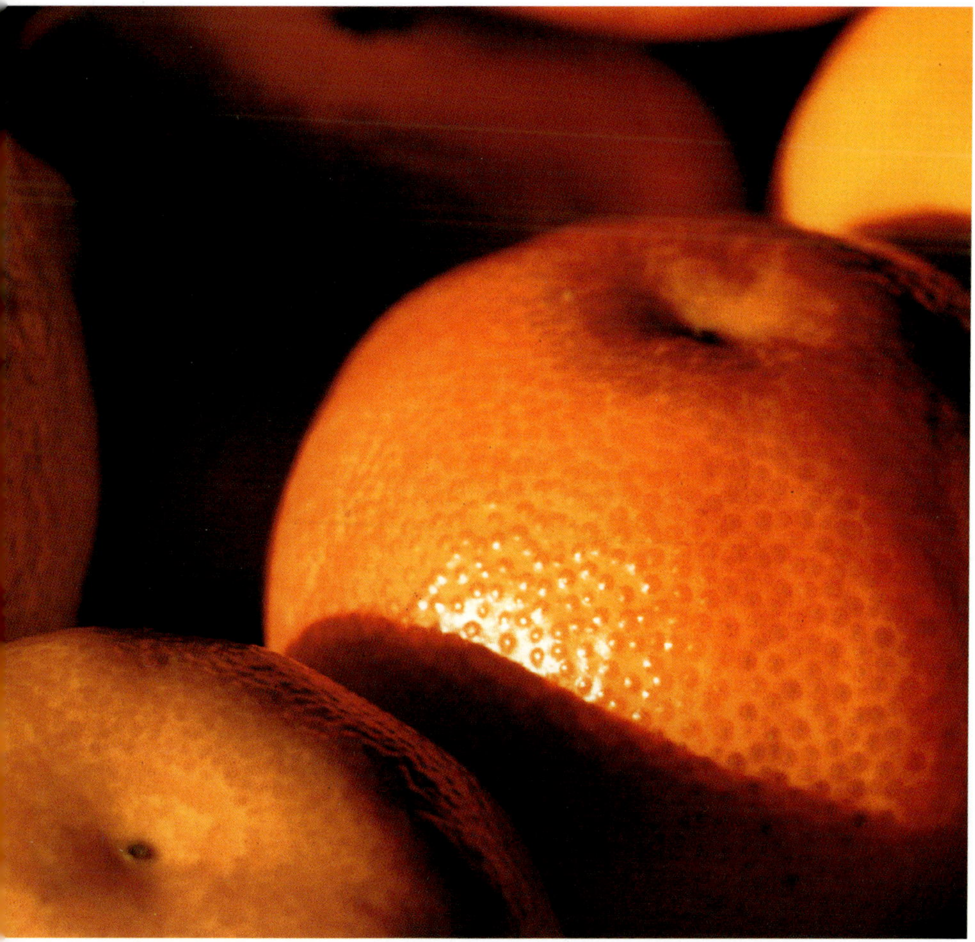

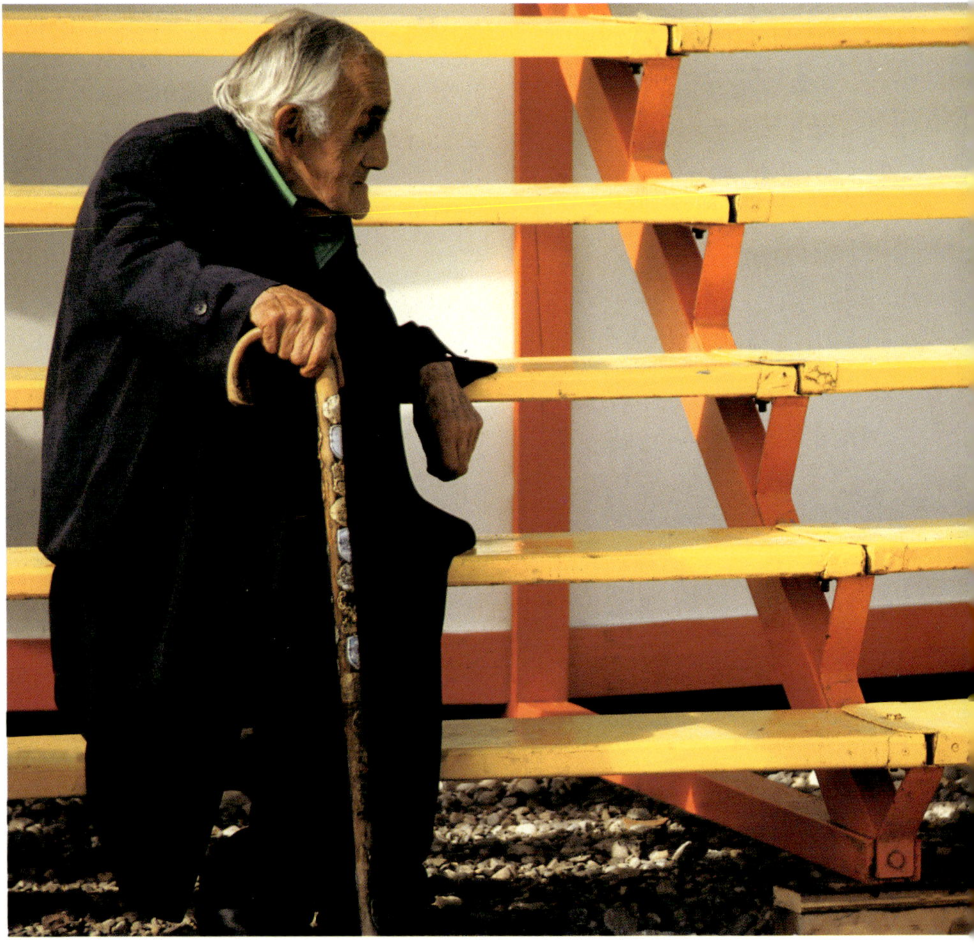

An die Großeltern

Ich bin gern bei Opa, Oma;
denn da spüre ich,
wenn ich da bin, haben sie auch
immer Zeit für mich.

Und wir Kinder brauchen viel Zeit,
weil wir klein noch sind;
auch wir wollen größer werden,
doch nicht so geschwind.

Wenn die Großmutter Geschichten,
Märchen mir erzählt,
ist das spannender als alles
aus der Fernsehwelt.

Und der Opa, der kennt Dinge,
nennt die Namen mir
von dem Stein und von der Blume,
von dem Baum, dem Tier.

Du, die kennen so viel Sachen,
wissen auch genau,
wie sie mich zum Lachen bringen,
ist der Tag mal grau.

Ohne euch, da wäre vieles
nur recht schlecht bestellt.
Ohne euch wärn ja die Eltern
gar nicht auf der Welt.

Und somit gäbs keine Enkel,
gäb es auch nicht mich.
Liebe Oma, lieber Opa,
du, wir brauchen dich.

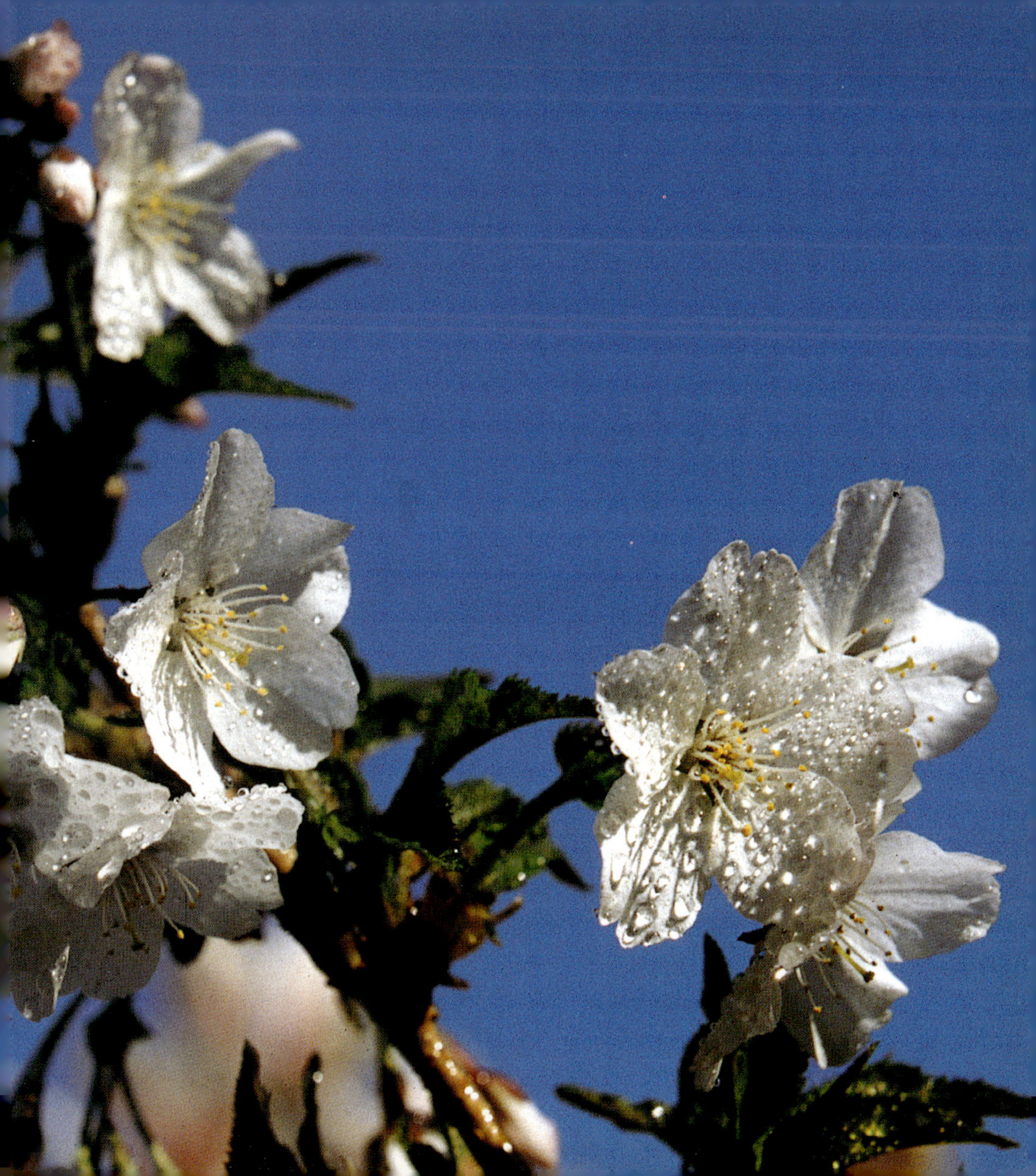

Brüder im Leben

Wenn wir nachts zum Himmel blicken
und die Sterne sehn,
wie sie leuchten, wie sie blinken,
ist das wunderschön.
Doch nur einer dieser Sterne
kann uns Heimat sein,
weils auf unsrer guten Erde
Leben gibt allein.

Schau dich um auf dieser Erde,
was sich da bewegt.
Alles ist voll buntem Treiben,
unsre Erde lebt.
Lass den Tieren ihre Freiheit,
sperre sie nicht ein.
Sei nur gut zu allen Tieren,
lass sie Tiere sein.

Brüder sind wir alle im Leben:
Aus derselben Hand
ward das Leben uns gegeben
und auch der Verstand,
dass wir Leben achten müssen
und zu keiner Zeit
einem andern Lebewesen
zufügen ein Leid.

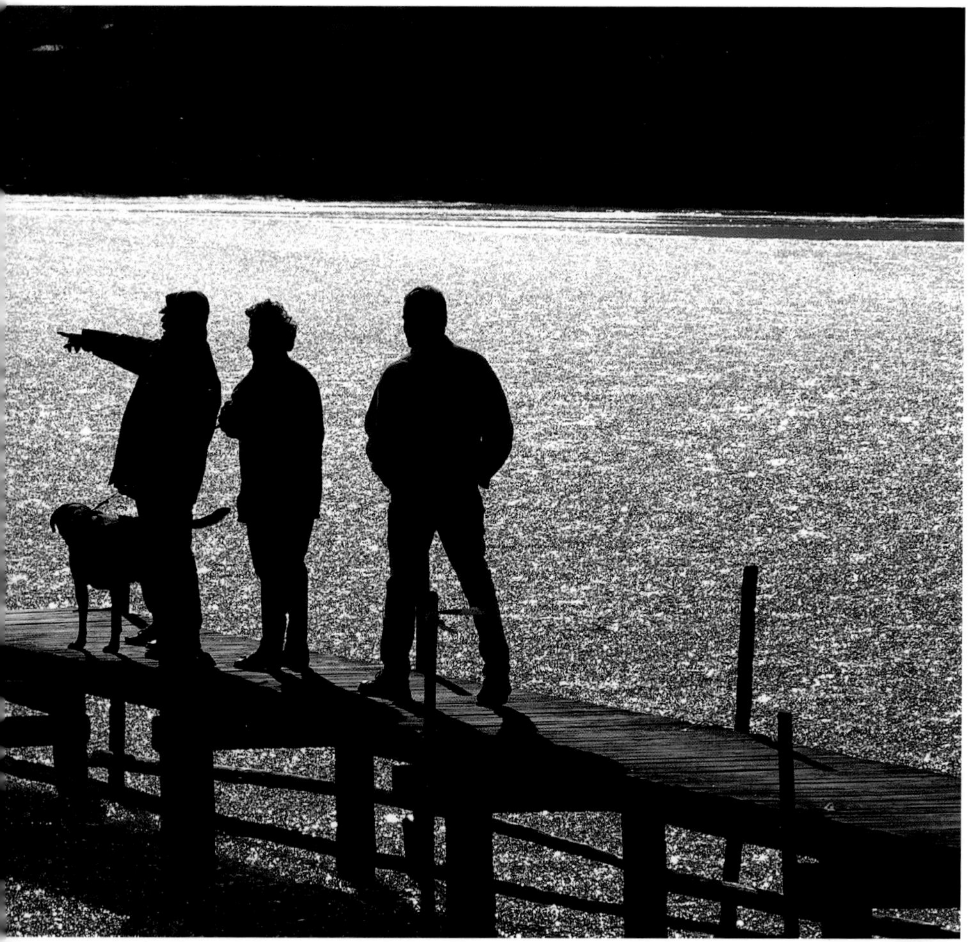

Lebenskunst

Ein wenig Herz und ein wenig Verstand,
das richtige Wort füreinand,
ein wenig Geduld und ein wenig Humor,
ein wachsames Auge, ein ganz scharfes Ohr
für das, was im Leben wesentlich ist,
ein Gedächtnis, das nicht das Gute vergisst.
Und nicht bloß das Später immer im Blick,
auch Zeit grad für jetzt und das heutige Glück,
aufs Schöne und Gute ein wenig vertrauen,
dazu auch ein Hoffen und einen Glauben
auf ihn da droben, auf Gott, unsern Herrn,
dann wirds, du wirst sehen, bestimmt richtig werdn.

© 2002 Rosenheimer Verlagshaus GmbH & Co. KG, Rosenheim

Fotografie:
Rolf Blesch, Utting: Seite 56/57, 60/61
Wolfgang Ehn, Mittenwald: Seite 32/33, 36/37, 44/45, 63
Klaus G. Förg, Rosenheim: Seite 4/5, 6/7, 10/11, 18/19, 46/47, 54/55
Andreas Gassner, Braz: Seite 1, 43
Udo Haafke, Ratingen: Seite 14/15, 22/23, 30/31
Joachim Heller, Berching: 20/21, 50/51
Bea Huwiler, Aarau: Seite 52/53
Gerhard Meier, Gollenshausen: Seite 12/13, 25
Bernd Römmelt, München: Seite 2, 9, 29, 49
Roland Schick, Innsbruck: Titel, Seite 38/39, 58/59
Ernst Wrba, Sulzbach am Taunus: Seite 16/17, 26/27, 35, 41

Seitenlayout, Satz und Repro: Buch-Werkstatt GmbH, Bad Aibling
Druck und Bindung: L.E.G.O., Vicenza
Printed in Italy

ISBN 3-475-53351-0